ESTRUCTURAS
DE LA NOVELA ACTUAL

LITERATURA  Y SOCIEDAD

DIRECTOR
ANDRÉS AMORÓS

Colaboradores de los volúmenes publicados:

José Luis Abellán. Emilio Alarcos. Aurora de Albornoz. Jaime Alazraki. Earl Aldrich. José María Alín. Xesús Alonso Montero. Carlos Alvar. Manuel Alvar. Andrés Amorós. Enrique Anderson Imbert. René Andioc. José J. Arrom. Francisco Ayala. Max Aub. Mariano Baquero Goyanes. Giuseppe Bellini. R. Bellveser. Alberto Blecua. José Manuel Blecua. Andrés Berlanga. G. Bernus. Laureano Bonet. Jean-François Botrel. Carlos Bousoño. Antonio Buero Vallejo. Eugenio de Bustos. J. Bustos Tovar. Richard J. Callan. Jorge Campos. José Luis Cano. Juan Cano Ballesta. R. Cardona. Helio Carpintero. José María Castellet. Diego Catalán. Elena Catena. Gabriel Celaya. Ricardo de la Cierva. Manuel Criado de Val. J. Cueto. Maxime Chevalier. F. G. Delgado. John Deredita. Florence Delay. José María Díez de Revenga. Manuel Durán. Julio Durán-Cerda. Robert Escarpit. M. Escobar. Xavier Fábrega. Angel Raimundo Fernández. José Filgueira Valverde. Margit Frenk Alatorre. Julián Gállego. Agustín García Calvo. Víctor García de la Concha. Emilio García Gómez. Luciano García Lorenzo. Stephen Gilman. Pere Gimferrer. Eduardo G. González. Alfonso Grosso. José Luis Guarner. Raúl Guerra Garrido. Ricardo Gullón. Javier Herrero. Miguel Herrero. Robert Jammes. José María Jover Zamora. Pedro Laín Entralgo. Rafael Lapesa. Fernando Lázaro Carreter. Luis Leal. María Rosa Lida de Malkiel. Francisco López Estrada. E. Lorenzo. Vicente Llorens. José Carlos Mainer. Joaquín Marco. Tomás Marco. Francisco Marcos Marín. Julián Marías. José María Martínez Cachero. Eduardo Martínez de Pisón. Marina Mayoral. G. McMurray. Seymour Menton. Ian Michael. Nicasio Salvador Miguel. José Monleón. María Eulalia Montaner. Martha Morello Frosch. Enrique Moreno Báez. Antonio Muñoz. Francisco Nieva. Antonio Núñez. Julio Ortega. María del Pilar Palomo. Roger M. Peel. Rafael Pérez de la Dehesa. Miguel Angel Pérez Priego. A. C. Picazzo. Jaume Pont. Enrique Pupo-Walker. Richard M. Reeve. Hugo Rodríguez-Alcalá. Julio Rodríguez-Luis. Emir Rodríguez Monegal. Julio Rodríguez Puértolas. Fanny Rubio. Serge Salaün. Noel Salomon. Gregorio Salvador. Leda Schiavo. Manuel Seco. Ricardo Senabre. Juan Sentaurens. Alexander Severino. Gonzalo Sobejano. E. H. Tecglen. Xavier Tusell. P. A. Urbina. Isabel Uría Maqua. Jorge Urrutia. José Luis Varela. José María Vaz de Soto. Darío Villanueva. Luis Felipe Vivanco. D. A. Yates. Francisco Ynduráin. Anthony N. Zahareas. Alonso Zamora Vicente.

MARIANO BAQUERO GOYANES

Estructuras
de la novela actual

EDITORIAL CASTALIA

Copyright © Editorial Castalia, 1989
Zurbano, 39 - 28010 Madrid - Tel. 419 58 57

Cubierta de Víctor Sanz

Impreso en España - Printed in Spain
Talleres Gráficos Peñalara. Fuenlabrada (Madrid)

I.S.B.N.: 84-7039-550-5
Depósito Legal: M. 42.278-1989

SUMARIO

PRÓLOGO

Nos alegra mucho que se incorpore a esta colección, «Literatura y sociedad», un estudio ya clásico del profesor Baquero Goyanes, cuando su autor ya no está entre nosotros. Estoy seguro de que esta nueva salida ampliará aún más la repercusión, entre estudiosos y estudiantes, de un trabajo justamente famoso.

Tradicionalmente, la crítica española ha prestado más atención y ha poseído mayor nivel en el campo de la poesía que en el de la narrativa. No es ajena a esto la circunstancia de que muchos maestros de la crítica hayan sido también poetas: Pedro Salinas, Jorge Guillén, Luis Cernuda, Dámaso Alonso, Carlos Bousoño... Únase a ello nuestro tradicional alejamiento de la crítica anglosajona, tan decisiva en este terreno.

La situación ha cambiado radicalmente en los últimos años. Por un lado, con la traducción de varios libros básicos de esta escuela y la avasalladora irrupción del formalismo, principalmente por la vía francesa. Por otra parte, con la aparición de una serie de libros españoles que poseen —usemos una vez más el tópico— un verdadero nivel europeo. En este campo, el papel de Mariano Baquero Goyanes ha sido el de pionero y figura de primera fila.

Culmina este libro su larga dedicación al género narrativo: el cuento del siglo XIX, la Pardo Bazán, Clarín, Pérez de Ayala, Menéndez Pelayo como crítico de novela... Junto a ellos, una serie de trabajos teóricos y panoramas de conjunto que, en su momento, no tenían par en nuestra crítica.

Como aficionado al género, puedo atestiguar que, durante muchos años, los libros de Baquero Goyanes eran la única guía española, con su unión de información amplia y excelente criterio. Su dedicación estuvo unida a un concepto verdaderamente fecundo, el del perspectivismo, que su talento crítico logró incorporar definitivamente entre nosotros.

Muchas veces se ha repetido que la crítica literaria es, entre otras cosas, una forma de la autobiografía. Sin llegar a tanto, no cabe duda de que, en la mayor parte de los casos, refleja claramente la personalidad del crítico. Así sucede —me parece— en el caso de Baquero Goyanes: entre sus libros y su persona me ha parecido advertir, siempre, una coherencia notable. Era hombre sensible, puntual, cuidadoso. No le gustaba figurar. Era discreto, educado, tímido, amante del sosiego, buen lector. Amaba de verdad la música.

El lector de este libro se encontrará con un caudal de información muy amplio y bien asimilado. Frente a lo que hoy es tan habitual, no se manejan en él tecnicismos inútiles ni pedantes, jergas esotéricas de presunto cientifismo. Por eso, lo puede leer con gusto cualquier lector culto, a la vez que es enormemente útil para el estudioso.

No busca declaraciones llamativas, polémicas artificiales ni teorías unilaterales. Su «bienintencionada descripción» —como él mismo dice— posee un valor didáctico evidente, por su buen criterio y su claridad. Este ha sido uno de sus objetivos básicos, y cualquier lector de buen sentido se lo agradecerá.

No atiende aquí Baquero de modo preferente a los temas o los estilos, sino a las estructuras. Nótese el prudente plural.

Bajo este rótulo caben cüestiones tan variadas, por ejemplo, como las personas narrativas, el espacio y el tiempo, la novela lírica, la influencia del cine, la estructura musical y teatral, el punto de vista, las digresiones, lo abierto y lo cerrado... Muchas más cosas, quizá, de lo que uno esperaría, con este título.

Una y otra vez, relaciona el crítico lo clásico con lo contemporáneo, mostrando igual conocimiento de ambas esferas, y pone en conexión la literatura con las otras artes. Cita al Lazarillo *y a Cortázar, a Joyce y Sterne, a Cervantes y Michel Butor... Cualquier lector advertirá que le gustaban Clarín, Pérez de Ayala, Gabriel Miró, Dickens, Flaubert, Aldous Huxley, Lawrence Durrell...*

Detrás del buen crítico estaba —así· suele suceder, siempre— un lector sensible, fervoroso. Por eso, su descripción y su síntesis comprensiva son problemáticas, no dogmáticas. Su estudio es a la vez, en el mejor sentido de la palabra, un ensayo.

Gracias a este libro, muchos lectores se orientarán mejor en ese laberinto con sentido que ha supuesto la gran aventura de la novela contemporánea.

ANDRÉS AMORÓS

INTRODUCCIÓN

En las páginas de este libro se pretende ofrecer, fundamentalmente, una información acerca de algunas de las estructuras novelescas actuales que se han considerado más características. Evidentemente, no se trata de un inventario exhaustivo, pues no todas las estructuras narrativas de hoy han sido tenidas en cuenta, sino tan sólo aquellas que, por unas u otras razones, pudieran proporcionar una adecuada imagen de cuál es la situación de la novelística moderna, estudiada en los aspectos concernientes a la distribución y organización de su contenido, su diseño y su ritmo.

Se observará asimismo que no siempre se habla de novelas modernas. Por el contrario, muy frecuentemente se ha acudido al estudio de obras de otros siglos, por obvios motivos de interés estructural y a efectos de su confrontación con lo que cabe observar en la narrativa contemporánea. No parecía posible —al menos para mí— describir ciertas estructuras novelescas actuales, sin comparar su traza y su sentido con los observables en algunas novelas del pasado, allegables formalmente a las de hoy. Con todo, aunque quizás este libro debería haberse titulado simplemente *Estructuras de la novela*, pienso que la primacía obtenida en nuestro tiempo por cuanto atañe a los valores estructurales narrativos, justifica el que la investigación se haya centrado en la novelística actual.

Desearía también justificar, si ello fuera posible, ciertas reiteraciones en el manejo de determinados conceptos y ejemplos. Confieso que con ello la exposición puede adolecer de machaconería, pero reconozco, a la par, que no he sabido evitar algunas repeticiones, por estimar —quizás equivocadamente— que con ellas se ganaba en claridad lo que se perdía en ligereza o brillantez expositiva. El tener que servirme una y otra vez de unas mismas novelas de Joyce, Proust, Butor, etc., estudiadas y descritas estructuralmente desde ángulos distintos, en varios capítulos, puede suscitar una impresión de pobreza o de monotonía en la ejemplificación. Con todo, he preferido correr ese riesgo, antes que buscar y rebuscar ejemplos menos significativos o relevantes, y tal vez —por esa razón—, menos conocidos del lector.

Tampoco he querido prescindir —aun a riesgo de incidir en esas monótonas repeticiones a que acabo de aludir— de un repertorio de apoyaturas, de citas, de transcripción de opiniones ajenas, con las que poder avanzar en una investigación susceptible de despeñarse en la arbitrariedad, de no contar con tales asideros. Quede aquí constancia de mi reconocimiento, de mi gratitud, a tan buenos compañeros de viaje. Sin su apoyo, sin sus libros y sus ideas, es seguro que el recorrido por el mundo de las estructuras novelescas hubiese resultado aún más laberíntico y dificultoso.

Finalmente quisiera advertir al lector que lo que aquí se le ofrece no es ni una apología ni una diatriba, sino sencillamente una bienintencionada descripción. Los errores y deficiencias que ésta pueda presentar tal vez tengan su origen no sólo en las inocultables limitaciones de su autor, sino también en la riqueza y problematicidad de una materia que no siempre resulta de fácil aprehensión y fijación. Por rutina o por tradición nos suele resultar relativamente hacedero (o creemos, optimistamente, que nos resulta) captar temas y estilos. Captar estructuras es ya otra cosa, no digo que más meritoria, pero sí más desacostumbrada entre nosotros. Por eso, puede que no sea demasiado pedir al lector de este libro, que lo acepte, no tanto por lo que es, como por lo que hubiera deseado ser, por lo que tiene de intento, de ensayo, de —a la vez— humilde y arriesgada probatura.

1

EL CONCEPTO «ESTRUCTURA»

1. Conceptos relacionables con el de «estructura»

En cualquier descripción que se intente hacer de las estructuras novelescas, convendrá siempre establecer, como adecuado punto de partida, algunas consideraciones sobre el concepto mismo de «estructura». Actualmente este concepto ha conseguido una difusión y una fluidez tales, que le han conferido cierto carácter polivalente —tantos y tan dispares son los ámbitos en que se maneja— y le han elevado incluso a categoría científica, convertido en eje ideológico de lo que más que un método o un sistema, se diría aspira a ser casi una doctrina, una concepción del mundo: el «estructuralismo».

Antes de aludir brevemente a su problemática (en estricta relación con la que aquí va a ocuparnos), repasemos brevemente algunas de las acepciones que el concepto «estructura» ha asumido con referencia a la literatura y, más específicamente, a la novela.

Y la primera cuestión que en tal orden de cosas se nos plantea, es la de la legitimidad o, al menos, adecuación de tal concepto aplicado a un género literario como la novela. Así,

Walter O'Grady rechaza tal concepto y estima que su aplicación a la novela suscita un error o malentendido. Pues —para O'Grady— «estructura» implica una relación estática, en tanto que la novela se caracteriza por la movilidad y fluidez de las relaciones que cabe percibir entre las partes componentes de la misma.[1] En todo caso O'Grady parece admitir el concepto de «estructura molecular» como el más adecuado —metafóricamente— para indicar el especial juego de relaciones que en la novela se da. En definitiva una estructura móvil, fluida, carente de la rigidez propia de la estructura arquitectónica. (Por supuesto, se trata del mismo problema que entraña el hablar de «estructuras» con referencia a las formas musicales: la sonata, la sinfonía, etc. También aquí hay que contar con movimientos, a diferencia de lo que ocurre en las quietas estructuras —las que lo son propia y no traslaticiamente— de las artes plásticas. Con todo, téngase en cuenta el carácter móvil de ciertas formas escultóricas modernas, las de un Calder, por ejemplo.)

Aceptada la movilidad consubstancial a toda estructura novelesca (y sobre este punto volveremos páginas adelante), aún nos quedan por examinar ciertos cruces, por virtud de los cua-

---

1. WALTER O'GRADY, *On Plot in Modern Fiction: Hardy, James and Conrad*; estudio recogido en la obra de ROBERT MURRAY DAVIS, *The Novel. Modern Essays in Criticism*. Prentice-Hall Inc., Englewood Cliffs, Nueva Jersey, 1969, pp. 208-209. Compárese la observación de O'Grady con la formulada por François Bresson en un coloquio sobre estructuralismo: «Pues, por de pronto, una estructura es una cosa estática, aunque se considere la cinética de una estructura, es decir, aunque la estructura se represente por una función de tiempo». En *Las estructuras y los hombres* de E. Labrouse, R. Zazzo y otros, trad. de Manuel Sacristán, Ariel, Barcelona, 1969, p. 38. El lingüista André Martinet rechaza esa identificación de «estático» y «estructura»: «Cuando no se quiere ver en la estructura más que un sistema relacional, es evidente que la estructura se reduce a la inmovilidad. Pero ocurre que todo se mueve. Ocurre que toda lengua está en evolución perpetua». Ibíd., p. 56. En lo que al lenguaje se refiere, el propio Martinet ha señalado que fue Saussure quien «se creyó obligado a estipular en principio que había una incompatibilidad total entre estructura y diacronía, que había identidad entre estructura y estática». Ibíd., p. 83.

les suelen manejarse como términos sinónimos o intercambiables los de «estructura», «forma», «técnica», «estilo», etc. Mark Schorer, al admitir que la «técnica» es realmente lo que T. S. Eliot entendía por «convention», cree que ésta equivale a cualquier selección, estructura o distorsión, cualquier forma o ritmo que actúa sobre el mundo de la acción novelesca.[2]

Por su parte, Louis Bolle, al estudiar el perspectivismo proustiano en la *Recherche*, señala: «Sans vouloir mener loin une comparaison avec les mathématiques qui risquent toujours de rester au stade de l'analogie rhétorique, signalons en passant que, dans cette science, la notion de perspective est aussi liée à celle de structure».[3]

Percy Lubbock en *The Craft of Fiction* se ocupó de la «forma». Al aludir Edwin Muir a esta obra, hizo ver que lo que Lubbock entendía por «forma» era «something different from what is meant here by structure». Muir consideraba que, para Lubbock, la «forma» de una novela dependía fundamentalmente del «punto de vista» desde el que era encarado el tema novelesco.[4] Entre «forma» y «estructura», en la lengua inglesa, habría que considerar como término dotado de un matiz distinto (equivalente en nuestra lengua casi a lo que llamaríamos «patrón», «diseño»), «pattern». Del enfrentamiento «pattern-rhythm» debido a Forster, nos ocuparemos más adelante. Ahora sólo me interesa recordar, a propósito de Muir, su consideración de que todos estos conceptos resultan sumamente controvertibles, precisamente en razón de su abundante e intercambiado uso. Si —como señalaba John Carruthers—

---

2. MARK SCHORER, *Technique as Discovery*, en la cit. obra de Murray, pp. 76-77.
3. LOUIS BOLLE, *Marcel Proust ou le complexe d'Argus*, Grasset, París, 1967, pp. 28-29.
4. EDWIN MUIR, *The Structure of the Novel*, Hogarth Press, Londres, 1967, p. 8.

la vida tiene «pattern», al ser la novela reproducción de aquélla, poseerá también, inevitablemente, su «pattern».[5]

Muir prefería el término «plot», entendiendo que con él cabía designar «the chain of events in a story and the principle which knits it together».[6] En toda novela ocurren cosas en un cierto orden, consideraba Muir, y es precisamente ese orden el que nos permite distinguir las diferentes clases de «plot».

En la lengua alemana se distingue entre «Inhalt» y «Gehalt», para diferenciar contenido *material* y *espiritual*. El primer término se correspondería, en cierto modo, con el «plot» inglés.[7]

Con referencia al término «plot» se ha hecho famosa la distinción que entre el mismo y el término «story» estableció E. M. Forster: Por «story» cabría entender la narración de unos hechos en su secuencia temporal; en tanto que «plot» designa asimismo una narración de sucesos, pero con el énfasis puesto en su relación de causalidad. «El Rey murió y la Reina murió» es una «story»; pero «El Rey murió y entonces la Reina murió de pena» es un «plot». Si ambas frases cuentan dos hechos, la segunda se caracteriza por indicar la causa o motivo de uno de esos incidentes.[8]

Otro concepto allegable, a veces, al de «estructura» es el de «estilo». De ahí que al estudiar Alazraki el estilo de Jorge Luis Borges, se crea obligado a advertir: «Para reducir el radio semántico de la palabra estilo hemos creído necesario y útil deslindar dos conceptos a menudo empleados como equivalentes: estructura y estilo. Entendemos que el primero atiende a la composición de la narración y el segundo, en cambio, a la tex-

---

5.   Ibíd., p. 9.
6.   Ibíd., p. 16.
7.   «Sans doute, la fable —l'*Inhalt* ou encore ce que les Anglais dénomment très précisément le "plot"— représente-t-elle essentiellement une action.» N. CORMEAU, *Physiologie du roman*, S. G. Nizot, París, 1966, p. 28.
8.   E. M. FORSTER, *Aspects of the Novel*, E. Arnold, Londres, 1958, pp. 82-83.

tura de la prosa; mientras el primero trata de la organización de los tejidos o planos narrativos en órganos, en estructuras; el segundo se concentra en el examen del tejido mismo y de sus células lingüísticas».[9]

«Composición» y «organización». He aquí dos conceptos muy corrientemente manejados, como sinónimos de lo que suele entenderse por «estructura» novelesca. Pero también el concepto de «técnica» figura entre los usados como equivalentes. Para Marina Forni Mizzau, el saber técnico vendría a ser la *forma mentis* del artista. Técnica y estructura son términos intercambiables, y de ahí la atención prestada a las «strutture tecniche».[10]

2. LA ESTRUCTURA NOVELESCA

En realidad, tales cruces e interferencias tienen su razón de ser. El estilo de una novela viene dado no sólo por las peculiaridades de su lenguaje narrativo —la personal escritura de su autor—, sino también por la índole de su estructura; determinadora, a su vez, de la técnica o técnicas elegidas por el narrador como más adecuadas a la misma. Y en definitiva, todo tiene su arranque o inicial motivación en la mirada del escritor, en su individual visión, en *su perspectiva*. Por eso Marina Forni dice: «Nell'accezione più larga, le tecniche possono essere definite come i modi del rapporto prospettico tra l'autore e la sua opera».[11]

De lo que el novelista quiera decirnos dependerá el *cómo* lo

9. JAIME ALAZRAKI, *La prosa narrativa de Jorge Luis Borges*, Gredos, Madrid, 1968, p. 8.
10. MARINA FORNI MIZZAU, *Tecniche narrative e romanzo contemporaneo*, Mursia, Milán, 1965; sobre todo pp. 13, 34-35 y 50.
11. Ibíd., p. 50.

diga. Y en ese *cómo* van, en cierto modo, englobados todos esos allegables y relacionables aspectos que ahora estamos recordando: estilo, forma, perspectiva, técnica, estructura...

Es bueno curarse en salud y contar, de antemano, con que será difícil y casi imposible evitar ciertas ambigüedades y contaminaciones en el uso del término «estructura». Con todo, a lo largo de estas páginas, trataré de marginar aquellas cuestiones que, aun relacionables con la que aquí nos ocupa —la caracterización de las actuales estructuras novelescas—, componen, sin embargo, una zona aparte, siquiera sea convencionalmente, y a efectos metodológico-descriptivos. Quiero decir con esto que, aunque no siempre me será dado el sustraerme al estudio de determinados problemas de estilo y de técnica (v. gr., el «monólogo interior» es una «técnica» —en el sentido de recurso o instrumento manejable por el novelista—, pero es también, a veces, una verdadera «estructura» narrativa); lo que aquí me importa analizar es un repertorio de «estructuras», de organizaciones internas, de disposición de partes, que se configuran, entonces, como formas, diseños, ritmos.

Para J. Souvage cabe entender por estructura en la novela —y en la literatura en general— «the manner in which the elements other than words are disposed and organized. Structure always implies a process of construction».[12] Para el mismo crítico, el concepto de «forma» aplicado a la novela, equivaldría a «estructura significante, inteligible». «Forma sería a la estructura, lo que el ritmo es al metro, al verso».[13]

Considerada la estructura como «la manera en que aparecen organizados los elementos que integran una novela», suele estimarse rasgo característico de éstos su inseparabilidad.[14]

12. JACQUES SOUVAGE, *An Introduction to the Study of the Novel*, Gante, 1961, p. 19.
13. Ibíd., p. 20.
14. Tal es la opinión de R. S. CRANE, expuesta en *The Concept of Plot and the Plot of «Tom Jones»*, en *Critics and Criticism*, Chicago, 1952, pp. 616-617.

Con ello se alude a la perfecta trabazón que entre los mismos debe existir, y a la necesidad de que ninguno de ellos sea sentido como superfluo y, por ende, desprendible del conjunto sin que éste se resienta por ello. (Recuérdese, a este respecto, como Unamuno consideraba que, en el *Quijote* cervantino, sobraban y eran perfectamente saltables ciertos capítulos, v. gr., los de *El curioso impertinente*. Sobre este punto tendremos ocasión de volver al hablar de las estructuras episódicas y del papel de la digresión.)

3. «ESTRUCTURA» Y «ESTRUCTURALISMO»

A estas alturas parece suficientemente claro que en lo que suele entenderse por «estructura novelesca» hay que contar con una interrelación entre un «todo» y unas «partes»; determinadora de una configuración narrativa que, unas veces es fundamentalmente diseño, forma, ordenación espacial; y otras, sucesión, ritmo, ordenación temporal. Y que otras, es, a la vez, ambas cosas.

En cualquier caso, de cómo el novelista disponga, ordene, *estructure* esos componentes determinadores del *todo* narrativo, dependerá gran parte de su eficacia estética, si no toda, como vendría a considerar el actual «estructuralismo» aplicado a la literatura.

«¿Qué es el estructuralismo? —se pregunta R. Barthes—. No es una escuela ni siquiera un movimiento (al menos todavía no), pues la mayoría de los autores que suelen asociarse a ese término distan mucho de sentirse ligados entre sí por una solidaridad de doctrina o de combate. Apenas es un léxico: *estructura* es un término ya antiguo (de origen anatómico o gramatical), hoy muy usado: todas las ciencias sociales recurren abundantemente a él, y el uso de la palabra no puede distinguir a nadie, a no ser que se polemice sobre el contenido que se le da; *funciones, formas, signos* y *significaciones* no son mucho más pertinentes; hoy en día son palabras de uso común a las que se solicita y de las que se obtiene todo lo que se quiere.»[15]

En tal contexto —el del estructuralismo aplicado al arte— lo que importa es el ensamblaje de unos elementos con los que conseguir un objeto estético: una *composición*, según apunta Barthes, al recordar las así llamadas de Mondrian, en pintura; las de Boulez, en música; o las de Butor, en literatura. «La naturaleza del objeto copiado no es lo que define un arte (prejuicio sin embargo tenaz de todos los realistas), sino lo que el hombre le añade al reconstruirlo: la técnica es el ser mismo de toda creación.»[16]

Sobre el alcance de esta última formulación, referida al ámbito de las estructuras novelescas, hemos de volver en otro capítulo. Ahora conviene considerar brevemente, en el que sigue, el alcance del término «composición», tan arraigado en la crítica literaria francesa, aunque no con el mismo sentido que tiene en las líneas transcritas de Barthes. Para éste una «composición» es una entidad estética; para la vieja preceptiva, era una cualidad perceptible en determinados géneros literarios.

---

15. ROLAND BARTHES, *Ensayos críticos*, trad. de Carlos Pujol, Seix Barral, Barcelona, 1967, p. 255. Una definición «estructuralista» de la estructura —y perdónese el juego de palabras— vendría a ser la siguiente, de FRANÇOIS BRESSON: «Una estructura es un sistema de relaciones invariantes bajo ciertas transformaciones (respecto de ciertas transformaciones)». En la cit. obra *Las estructuras y los hombres*, p. 29. Para A. Martinet, esta noción de estructura «puramente relacional, es muy exactamente lo que intentó explicar Hjemslev». Ibíd., p. 53.

16. BARTHES, ob. cit., p. 258.

2

«ESTRUCTURA» Y «COMPOSICIÓN»

1. Thibaudet frente a Bourget

Albert Thibaudet, en su clásico libro *Réflexions sur le roman*, cuya primera edición apareció en 1938, dedicó unas interesantes páginas a discutir el juicio que sobre *Guerra y paz* de Tolstói, había formulado Paul Bourget. Éste no negaba la grandeza de la obra tolstoiana, pero consideraba que la misma aparecía restringida por echarse de menos en la gigantesca novela esa cualidad que «la rhétorique classique la nommait d'un terme bien modeste: la composition. Et de ce que Tolstoï l'ignore, de ce que *Guerre et Paix* et *Anne Karénine* se déroulent sans plan organique, sans ossature, commencement, milieu, ni fin, M. Bourget conclut qu'avec toute la force, Tolstoï n'est encore qu'un génie informe et inachevé».[1]

Frente a tales opiniones bourgetianas, Thibaudet consideraba que no todas las obras de Tolstói se caracterizaban por la falta de composición o de artística estructura, recordando la sólida construcción de *Resurrección* y de *La muerte de*

---

1. Albert Thibaudet, *Réflexions sur le roman*, Gallimard, París, 1963, p. 18.

Iván Ilitch.[2] El admirable análisis crítico que Thibaudet realiza, a continuación, de *Guerra y paz*, tendía a demostrar que era injusto, por parte de Bourget, valorar una novela en términos de estética teatral. Así como una obra dramática no es dable —estimaba Thibaudet— sin una muy estricta composición, en la novela no ocurre lo mismo; sobre todo en la especie que él llamaba «roman brut, qui peint une époque». Tal sería el caso de *Guerra y paz*. La lentitud del relato, sus idas y venidas, su fraccionamiento en episodios, nos hace presentes y sensibles —consideraba Thibaudet— las fuerzas de resistencia pasiva que gastaron y destruyeron a Napoleón.

Hoy, quizá, no nos atreveríamos a afirmar tan rotundamente como en la época de Thibaudet, que una obra dramática no es concebible sin estar sujeta a una muy estricta composición; ya que las experiencias literarias que han ido teniendo lugar desde entonces a acá, nos han acostumbrado a un teatro más libre, menos *compuesto* y trabado que aquel en que pensaba Thibaudet. Con todo, parece indudable que los condicionamientos propios del género determinan en cualquier obra teatral, aun en las de más libre estructura, unas limitaciones o relativas rigideces de que está exenta la que ya Cervantes llamaba «escritura desatada» de la novela.

En las letras francesas no fue Paul Bourget el primero o el único en regatear méritos a alguna gran novela, basándose

---

2.   Con referencia al caso de *Ana Karenina*, Thibaudet recuerda cómo el propio Tolstói «nous dit qu'*Anne Karénine* lui étant payée à la page, il fit, pendant qu'il l'écrivait, de grandes pertes au jeu, et dut, pour cela, allonger beaucoup son roman. Donc, Tolstói, s'il eût amené plus souvent le roi à l'écarté *Anne Karénine* eût été plus courte. Eût-elle été meilleure ou moins bonne? Nous n'en savons absolument rien. En tout cas elle eût été encore *Anne Karénine*». Ob. cit., p. 184. El caso de Tolstói recuerda, en otro plano, el de la técnica folletinista de A. Dumas: el cobro por líneas determinó, en no pocas ocasiones, el cortado y crepitante diálogo de sus novelas. No dejaría de ofrecer cierto interés el irónico estudio de cómo determinadas estructuras o ciertos estilos novelescos tienen su origen en motivaciones extraliterarias.

en sus supuestos defectos de estructura o de composición. Así, al ocuparse Miriam Allott del concepto de regularidad épica, ha recordado cómo «pese a afirmarse en principio el valor de la regularidad, los novelistas ingleses hacen cuanto está en su mano para hurtarse a su dominio. La fácil prodigalidad de estos escritores sorprende desagradablemente a sus colegas franceses. Así, Flaubert apenas fue capaz de superar el disgusto de su primer contacto con *Los documentos del club Pickwick*, afirmando: Algunos fragmentos son magníficos... Pero ¡qué deficiente estructura! Todos los escritores ingleses son así. Con la excepción de Walter Scott, carecen del sentido de la composición, y esto es intolerable para nosotros, los latinos».[3]

2. EL ARTE DE LA «COMPOSICIÓN»

¿Habrá que aceptar, a la vista de lo dicho por Flaubert, alguno de esos juicios deterministas, a lo Taine, por los que unas determinadas tendencias artísticas parecen quedar explicadas en función de los distintos temperamentos nacionales? (Ya Thibaudet calificaba de «dangereux nationalisme» la actitud bourgetiana.)

Posiblemente, la cuestión sea mucho más compleja, y al caso recordado por Flaubert como excepcional, el de Walter Scott, no resultaría demasiado difícil añadir bastantes más. Anterior en el tiempo a Scott, fue Fielding, cuyo *Tom Jones* ha sido considerado por ciertos críticos —bien es verdad que ingleses—, como una de las obras maestras de la literatura en lo que se refiere a construcción. Muy conocido es el elogio de Samuel Coleridge: «What a master of composition Fielding

3. MIRIAM ALLOTT, *Los novelistas y la novela*, Seix Barral, Barcelona, 1966, p. 215.

was! Upon my word. I think the *Oedipus Tyrannus*, the *Alchemist*, and *Tom Jones*, the three most perfects plots ever planned».[4]

La alineación de *Tom Jones* junto a dos obras dramáticas, la tragedia clásica y la comedia de Ben Jonson, resulta bastante significativa, a la luz de lo ya visto en Thibaudet a propósito de la indispensabilidad de la composición en el arte dramático.

Volviendo ya al, tal vez, convencional enfrentamiento de las regladas novelas francesas contra las inglesas de desordenada estructura, recordemos el hecho, citado por M. Allott, de la irritación que Dostoievsky sentía ante Turguenev, provocada por la envidia que en él suscitaban las acabadas estructuras del autor de *Humo*.[5] Si tenemos en cuenta que Turguenev fue el más francés —incluso por razones de localización geográfica, de avecinamiento— de los novelistas rusos, se comprenderá bien hasta qué punto un contraste como éste se conecta con lo ya apuntado a propósito de Bourget y de Flaubert.

Precisamente el interés del autor de *Madame Bovary* por la «composición», por la estructura, ha traído como consecuencia el que, para algunos críticos franceses actuales, Flaubert sea casi considerado un precursor del llamado «nouveau roman»: un «romancier que, comme un futur peintre non-figuratif, s'intéressait à la structure et au langage du roman, en méprisant le *sujet* du roman».[6] Pero esa preocupación por la estructura se da también en las letras inglesas, y Henry James constituye uno de los más expresivos ejemplos; enfrentado, sobre todo, a H. G. Wells, para quien lo único que parecía con-

4. Vid. I. WATT, *The Rise of the Novel*, Penguin Books, Londres, 1963, p. 280.
5. M. ALLOTT, ob. cit., p. 220.
6. R.-M. ALBÉRÈS, *Laboratoires littéraires*, en «Les Nouvelles Littéraires», n.º 1898, enero, 1964.

tar era el tema, el asunto novelesco, con prescindencia o desprecio de cuanto afectaba a la técnica, a la estructuración.

El énfasis puesto por Thibaudet en el careo novela-teatro nos da, tal vez, una de las claves para entender el porqué del alto aprecio de que ha disfrutado en las letras francesas el arte de la composición. Cuando Thibaudet ve en la novela una composición libre, en su manejo del tiempo y del espacio, a diferencia de lo que ocurre en el teatro, piensa fundamentalmente (y así lo dice) en el de la gran tradición clásica francesa, aquel arte dramático raciniano hecho precisamente de limitaciones, de reglas, severamente estructurado. A esta luz, *La Princesa de Clèves* le parecía a Thibaudet una novela que renunciaba a los privilegios y libertades del género, para aceptar las imposiciones estructurales del teatro, convirtiéndose en una obra maestra «d'esthétique dramatique, comme la Sainte Famille peinte par Michel Ange est un chef-d'œuvre d'esthétique sculpturale».[7]

El peso que en la tradición literaria francesa ha tenido su gran teatro clásico, el del siglo XVII, ha hecho que su presencia gravite una y otra vez sobre no pocas cuestiones de crítica literaria, entre ellas esta de lo que cabe entender por «composición». No procede aquí perseguir la fortuna del concepto. Sí, en cambio, para un mejor entendimiento y valoración de ciertas estructuras novelescas —de hoy y de ayer, también—, conviene insistir en algún punto de los tratados por Thibaudet, especialmente en aquellos que aluden a los contactos de la novela con la poesía épica y con el teatro.

---

7. A. THIBAUDET, ob. cit., p. 23.

ESTRUCTURA ÉPICA Y ESTRUCTURA NOVELESCA

1. ESTRUCTURA EPISÓDICA

Es muy posible que el origen de toda esa animada polémica en torno a lo impecable o defectuoso de la composición novelesca, haya que buscarlo en la supuesta filiación épica del género que ahora nos ocupa.[1]

Parece evidente que al caracterizarse una y otra especie —la epopeya y la novela— por su extensión narrativa bastante considerable, los problemas estructurales que ambas plantean son de índole muy distinta a los que, por ejemplo, pudiera entrañar un género también narrativo como es el cuento, caracterizado por su reducida extensión. Wolfgang Kayser ha recordado unas frases de Schiller, contenidas en una carta a Goethe:

«La meta del poeta épico reside ya en cada punto de su movimiento; por eso no nos precipitamos impacientes hacia un fin, sino que nos demoramos con amor a cada paso.» Y Kayser comenta que tales palabras «suenan hoy a los teóri-

---

1. Sobre este asunto, el de las implicaciones épico-novelescas, algo tuve ocasión de apuntar en mi artículo *Moravia y el «nouveau roman»*, en «Atlántida» n.º 4, 1966, pp. 462-468.

cos como formulación de la *ley épica*. En el *demorarse con amor* reside la validez relativamente autónoma de los elementos parciales del mundo objetivo que implican incluso una tendencia morfológica. Los fragmentos son en la épica incomparablemente más independientes que en los géneros lírico y dramático. En la misma carta sacaba Schiller expresamente esta conclusión: La independencia de sus partes constituye una característica primordial de la poesía épica».[2]

Para Georges Lukács —que ve en la novela «la forma de la virilidad madura, por oposición a la infantilidad normativa de la epopeya»— hay una clara diferencia estructural entre ambas especies literarias: «La diferencia estructural [...] es la que separa un conjunto orgánico y homogéneo de un discontinuo heterogéneo y contingente. El resultado de esa contingencia es que las partes relativamente autónomas de la novela son más independientes que las de la epopeya, más perfectas en sí mismas, de tal manera que, para evitar que hagan estallar la totalidad del conjunto, se las debe ajustar a ese todo por medios que se sitúen más allá de su simple presencia».[3]

La verdad es que, tanto en lo que se refiere a la epopeya como a la novela, habría que formular ciertas restricciones o precisiones. La afirmación de Schiller resulta discutiblemente válida, parcialmente aceptable, según la epopeya en que se piense. El que Lukács sitúe a Dante entre epopeya y novela resulta revelador, en cuanto a la índole de uno y otro género. Pues en la *Divina Comedia*, efectivamente, la independencia de sus partes (relativamente independientes, por supuesto)

    2.   W. KAYSER, *Interpretación y análisis de la obra literaria*, Gredos, Madrid, 1954, p. 560 y ss.
    3.   G. LUKÁCS, *La Théorie du Roman*, trad. de Jean Clairevoye, Gonthier, Ginebra, 1963, p. 76.

parece más clara que en la *Ilíada*, pongo por caso. Y otro tanto cabría decir del género «novela».

En cierto modo creo que puede obtenerse alguna claridad si se examina esta cuestión no sólo a la luz de lo que ocurre con la epopeya, sino también de la proporcionada por ese otro género antes aludido y que guarda un evidente parentesco histórico con la novela: el cuento. Quiero decir con esto, que si, por un lado, parece obvio que la estructura episódica de epopeyas como la *Odisea* y como la *Divina Comedia* (de aceptarla como «epopeya» o como creación literaria a ella acercable) tiene algo que ver con similares configuraciones novelescas; por otro, parece igualmente claro que cuando en una novela extensa el episodio o los episodios intercalados adquieren el bulto y las proporciones de algo sobrepuesto a la trama novelesca, pero sustancialmente ajeno a ella —caso extremo de la independencia a que aludía Lukács—, es porque ese recurso guarda alguna relación (en versión muy alterada) con el que fue típico de la narrativa oriental.

De colecciones como el *Pañchatantra* deriva el procedimiento que europeizaron Boccaccio, Chaucer o, en nuestras letras, Don Juan Manuel, de los relatos con marco; es decir, los conjuntos de cuentos cuya sucesiva presentación tiene como soporte o pretexto una trama introductora que, en el caso del *Decamerón*, es la peste florentina; en el de Chaucer, la peregrinación a Canterbury; y en el de Don Juan Manuel el reiterado artificio de los diálogos entre el conde Lucanor y su consejero Patronio.

2. EL VIAJE COMO TEMA Y ESTRUCTURA

Cuando —como ocurre en Chaucer— la trama que había de funcionar como marco comienza a competir y aun a exceder en interés e importancia a los cuentos alojados en ella, se inicia, en cierta manera, un proceso cuya última consecuencia vendría a ser —polo opuesto del tradicional recurso— la novela extensa en que lo substancial es la trama, y lo accesorio los relatos breves en ella entreverados, según ocurre en el *Quijote*, en *Tom Jones* o el *Pickwick*.

Obsérvese que en las tres novelas citadas, la inclusión de relatos breves a lo largo de la trama general —la historia de Marcela y Crisóstomo en el *Quijote*, la del Hombre de la Colina en *Tom Jones,* o la historia del viajante en el *Pickwick*— parece quedar justificada por la textura episódica de ésta. La estructura de esas tres obras —a las que, por supuesto, cabría agregar otras muchas, como, en nuestras letras, el *Guzmán de Alfarache*— se organiza en cierto modo sobre una misma motivación: la del viaje,[4] la del ir y venir de un personaje o personajes que, según van haciendo su camino, van entrando en contacto con nuevas gentes, con nuevas posibilidades novelescas, con seres que suponen otras tantas historias; bien porque las contengan sus respectivas peripecias vitales, bien simplemente porque sean capaces de contar cuentos o de poseer manuscritos que los contienen.

El viaje es, pues, un motivo y hasta un tema novelesco, pero también una estructura, por cuanto la elección de tal soporte argumental implica la organización del material narrativo en

---

4.   Vid. sobre esto mi ensayo *Mr. Pickwick o la novela como viaje,* incluido en *Proceso de la novela actual,* Rialp, Madrid, 1963, p. 132 y ss.

una textura fundamentalmente episódica: la propia, precisamente, de esas novelas que acabamos de citar, caracterizadas todas ellas por la presencia del viaje como resorte y eje estructurador de los extensos relatos.

Con razón ha podido decir Michel Butor: «Toute fiction s'inscrit donc en notre espace comme voyage, et l'on peut dire à cet égard que c'est là le thème fondamental de la littérature romanesque, que tout roman qui nous raconte un voyage est donc plus clair, plus explicite que celui qui n'est pas capable d'exprimer méthaphoriquement cette distance entre le lieu de la lecture et celui du récit».[5]

La Modification de Butor responde precisamente a ese esquema, y así lo ha destacado Roland Barthes al contraponer la estructura —y el simbolismo— de tal novela, a la manera o técnica de Robbe-Grillet: «¿Qué es *La Modification*? [...] Hay el mundo de la letra: un viaje en tren de París a Roma. Hay el mundo del sentido: una conciencia modifica su proyecto. Sean cuales sean la elegancia y la discreción del procedimiento, el arte de Butor es simbólico: el viaje *significa* algo, el itinerario temporal y el itinerario espiritual (o memorial) intercambian su literalidad, y este intercambio es el que es significación. Es decir, que todo lo que Robbe-Grillet quiere desterrar de la novela (*La Jalousie* es en este aspecto la mejor de sus obras), el símbolo, es decir, el destino, Butor lo quiere expresamente. Mucho más aún: cada una de las tres novelas de Robbe-Grillet que conocemos, forma una irrisión declarada de la idea de itinerario (irrisión muy coherente, puesto que el itinerario, el desvelamiento, es una noción trágica): en cada caso, la novela termina cerrándose en su identidad inicial: el tiempo y el lugar han cambiado, y sin embargo no ha surgido ninguna con-

5. MICHEL BUTOR, *L'espace du roman*, en «Les Nouvelles Littéraires», n.º 1753, abril, 1961. Artículo recogido en *Sobre Literatura*, Seix Barral, Barcelona, 1967, p. 53.

ciencia nueva. Por el contrario, para Butor, el hacer camino es creador, y creador de conciencia: un hombre nuevo nace sin cesar: el tiempo sirve para algo».[6]

Recuérdese asimismo la que, para G. Lukács, vendría a ser fórmula definitoria de la novela (de su sentido): «la ruta ha comenzado, el viaje ha terminado».[7]

3.   LA NOVELA COMO «BÚSQUEDA». ESTRUCTURA DEL «BILDUNGSROMAN»

No toda estructura episódica postula necesariamente como motivo conformador el del viaje, pero evidentemente son muchos y muy importantes los ejemplos en que se da tal significativo ajuste.

Por otro lado, habría que considerar que el motivo del viaje guarda muy estrecha relación con el de la «búsqueda», componente éste el más decisivo del género «novela», en el sentir de algún crítico como Northrop Frye, cuando habla de «the quest».[8] Se considera entonces que uno de los esquemas argumentales prototípicos de la novela, de mayor validez universal, es el del joven que pretende descubrir su propia naturaleza y la del mundo; frecuentemente ha de ir en busca de su nombre, de su padre, de algún misterioso tesoro. Tal búsqueda se configura a menudo como una serie de obstáculos y dificultades, capaces de probar las virtudes del héroe. El Pip de *Grandes esperanzas* de Dickens, y Lucien de Rubempré, de *Las ilusiones perdidas* de Balzac, podrían ser citados como dos de los más

---

6.   R. BARTHES, ob. cit., p. 128.
7.   G. LUKÁCS, ob. cit., p. 68.
8.   Vid. MAURICE Z. SHRODER, *The Novel as a Genre*, en la ob. cit. de Murray, p. 45.

relevantes protagonistas de tal especie de novelas. Con frecuencia —recuerda Shroder— el nombre de estos héroes novelescos no es el verdadero, sino el que encarna sus apetencias de grandeza: Don Quijote es realmente Alonso Quijano, y el joven aristócrata Rubempré tiene como nombre de nacimiento Lucien Chardon.

Una versión moderna del tema de la búsqueda (en este caso, del padre, como trasunto y hasta parodia de la clásica de Telémaco) capaz de fraguar en una de las más complejas y audaces estructuras narrativas de todos los tiempos, la ofrece el *Ulysses* de Joyce.

Con esta modalidad narrativa, la de la búsqueda (tan nítida en tantos relatos de aventuras a la manera de *La isla del tesoro* de Stevenson) se relaciona la de la novela-aprendizaje, el «Bildungsroman»: la historia de una educación, de un irse haciendo un hombre, de las experiencias, sacrificios, aventuras, por las que viaja hacia la búsqueda, la conquista de su madurez.

En un sentido lato las citadas novelas de Balzac y de Dickens, y aun el *Quijote* cervantino, son novelas de aprendizaje. Pero en el ejemplo español falta algo tan decisivo como el conocimiento de la juventud del protagonista; presente, en cambio, en esa tan peculiar modalidad de «Bildungsroman» que es la novela picaresca española. Ya el anónimo *Lazarillo de Tormes* tiene no poco de irónico «Bildungsroman», como rasgo que heredarán sus imitaciones y continuaciones. Se ha observado, por ejemplo, que los amos de Lázaro son, un poco y a la vez, sus educadores. En el *Guzmán de Alfarache*, de Mateo Alemán, la barroca lección de ascetismo, de desengaño, comunica a la novela un muy decidido acento de aprendizaje moral, de búsqueda del recto camino (aunque sea, paradójicamente, a través del tortuoso), de autoconocimiento del hombre, de final conquista de la depuración espiritual.

Muy frecuentemente la estructura narrativa del «Bildungs-roman» se caracteriza no sólo por la ya citada articulación episódica (diversas aventuras unificadas por el aglutinante o eje que es el protagonista), sino también por el uso de la forma autobiográfica, de la primera persona narrativa. Bien es verdad que *El Criticón* de Gracián sigue siendo un «Bildungsroman», con textura episódica, pero narrado en tercera persona: la que corresponde a las reflexiones satírico-morales del propio escritor, no encarnado en ningún personaje, precisamente para mejor poder realizar (desde la perspectiva adecuada) esa tarea crítica y desengañadora.

El «Bildungsroman» presenta muchas variantes, y aunque sus más conocidos modelos haya que buscarlos en las novelas del siglo XVIII y del XIX —el *Émile* de Rousseau, el *Wilhelm Meister* de Goethe, las ya citadas obras de Dickens o de Balzac, la misma *Educación sentimental* (tan significativa en su solo título) de Flaubert, etc.—; también la novela de nuestro siglo ofrece ejemplos como el *Jean-Christophe* de Romain Rolland, *Los Thibault* de Martin du Gard, etc.

Hay que tener en cuenta que tal especie narrativa adopta muy variadas configuraciones, y es capaz de infiltrarse en obras que no son exclusivamente «Bildungsromans». Así, en nuestras letras parece claro que toda la primera serie de los *Episodios Nacionales* de Galdós es, fundamentalmente, un conjunto de novelas históricas. Pero la totalidad, la suma de las mismas da como resultado una especie de dilatado, gigantesco «Bildungs-roman»: el aprendizaje, búsqueda y conquista de una posición social y moral de Gabriel Araceli; casi un pícaro cuando lo conocemos de niño en *Trafalgar*, criado de muchos amos, hasta que poco a poco, *episodio* tras *episodio*, muy penosa-mente, a través de las más folletinescas incidencias, superando una serie de pruebas que casi serían un equivalente de las de «iniciación» entre las sociedades primitivas, va ganándose una madurez hecha de serenidad y de prestigio social: aquella precisamente desde la que escribe sus memorias.

El «Bildungsroman» no es necesariamente una novela pedagógica, aunque en el *Émile* roussoniano (y en su dieciochesco eco español, el *Eusebio* de Montengón) prime tal acento, a costa de los estrictos valores novelescos (no buscados, por otra parte, en los citados ejemplos). Variantes modernas, más o menos irónicas, de la novela pedagógica, no siempre conformada necesariamente como «Bildungsroman» aunque próxima a él, serían en nuestras letras, *Amor y pedagogía* de Unamuno y, sobre todo, *Luna de miel, luna de hiel* y *Los trabajos de Urbano y Simona* de Ramón Pérez de Ayala.

Pero con toda esta ejemplificación, corremos el riesgo de incidir excesivamente en lo temático con olvido de lo estructural. El hecho de que algunos temas o motivos impliquen unas muy definidas estructuras narrativas puede justificar todo lo dicho; si tenemos en cuenta, además, que algún crítico literario (según ya quedó apuntado) piensa que modalidades novelescas como las citadas son algo más que eso, modalidades; son la novela misma. Si, para Frye, la novela era una búsqueda («the quest»), para Shroder tal género se identifica, en su más pura, primigenia versión, con la novela de aprendizaje: «In other words, the *Bildungsroman* is not merely a special category: the theme of the novel is essentially that of formation, of education».[9]

4. ACTUALIDAD DE LA «ESTRUCTURA EPISÓDICA»

Recapitulemos brevemente: la consideración de una estructura episódica como algo que la novela pudo heredar de

9. Ibíd., p. 46.

la epopeya, nos llevó a ocuparnos de la novela como viaje, llegando desde ella —la búsqueda, «the quest»— al «Bildungsroman».

Me gustaría aclarar (aun a riesgo de reiteración) que tales aproximaciones no significan siempre mezcla o confluencia de modalidades narrativas. En *Las uvas de la ira* de Steinbeck encontramos la estructura del viaje, pero no la del «Bildungsroman». ¿Participa de ésta la *Recherche* proustiana? En cierto modo, sí; como también (dentro de un tono ambiguo o escéptico, patente ya en el mismo título) *El hombre sin cualidades* de Musil, allegable al ciclo de Proust en su condición de muy *sui generis* «roman fleuve».

La verdad es que los intentos de rígido encasillamiento de obras suelen, muchas veces, desembocar en el fracaso o en el ridículo. El afán por colocar marbetes de fácil identificación a dispares obras literarias conduce al falseamiento en no pocas ocasiones.

Quédese, pues, aquí la cuestión, ya que lo que ahora nos importaba no era tanto explorar una compleja temática novelesca, como intentar aislar algunas repetidas estructuras; concretamente la que hemos caracterizado como «episódica».

No es infrecuente en las novelas así estructuradas, el que su muy variada configuración episódica se relacione con el hecho —claro en el caso del *Pickwick* y, algo menos, en el del *Quijote*— de que sus autores comenzaron a novelar sin saber a ciencia cierta cuál era el rumbo a tomar, cuál el alcance de su invención. Cervantes contaba con Don Quijote, y Dickens con Mr. Pickwick. Fuera de esto, de lo entrañado en la muy precisa configuración de tales personajes, lo que a éstos pudiera irles ocurriendo a lo largo de la acción novelesca, quedaba en cierto modo ligado al crecimiento mismo del relato.

Con razón consideraba Ortega que a todo lector del *Quijote* no le hubiera importado mucho el que Cervantes hubiese imaginado unas aventuras distintas de las que conocemos. Lo esencial residía en que fueran precisamente Don Quijote y Sancho quienes las viviesen.

Una estructura novelesca así caracterizada, viene a ser la que suele llamarse «estructura abierta», y de ella tendremos ocasión de ocuparnos más adelante. Ahora, y antes de despedirnos (no del todo) de la estructura episódica, creo pertinente decir algo acerca de su actualidad o inactualidad. Pues, a primera vista, y habida cuenta del entronque épico de tal estructura, podríamos sospechar que la misma tuvo vigencia en el pasado, cuando la novela se sentía (o trataba de sentirse) heredera, continuadora de la epopeya; pero no hoy, cuando tal vinculación (aparente o real) se ha perdido u olvidado.

Si nos fijamos en nuestra literatura, es fácil comprobar cómo la mayor parte de la novelística clásica responde al esquema de la sucesión y yuxtaposición de episodios relativamente aislables, y sólo unificados en función de un protagonista o de unos personajes centrales. Ya hemos citado los casos del *Lazarillo*, *Quijote*, *Guzmán*, *Persiles*, *Criticón*, etc., a los que cabría agregar la mayor parte de las novelas caballerescas, de las pastoriles, las bizantinas, etc. El esquema del viaje se da en casi todas, así como la frecuente intercalación de cuentos, novelas cortas, etc. Compárese cualquiera de esas obras con lo que supone, en cuanto a compacidad, una novela española del XIX como *Miau* de Galdós, o *Pepita Jiménez* de Valera. (Lo cual no significa, ni mucho menos, establecer comparación cualitativa entre unas y otras novelas. Una novela episódica no es, por virtud de su estructura, superior o inferior a otra novela de asunto, por así decirlo, más apretado, como reducido a un solo o muy pocos episodios, y muy trabados y conectados éstos entre sí. Realmente la estructura episódica del *Quijote* fragua, *en este caso*, en una de las más grandes novelas de todos los tiempos. No cabría decir lo mismo, en cambio, de la mayor parte de los libros de caballerías o de las ficciones pastoriles caracterizadas por la misma o parecida estructura. Tan compacta es casi —por razón de una temática semejante— la estructura del *Adolphe* de Constant, como la de *La pródiga* de Alarcón; y sin embargo, a ningún lector de ambas novelas se le ocurriría dudar de la superioridad del relato francés sobre el español.)[10]

Las novelas cíclicas y seriales de comienzos de nuestro siglo —configuradas precisamente en la forma que se suele llamar «roman fleuve»— favorecieron la utilización de la estructura episódica, poco menos que exigida por las enormes proporciones, las gigantescas dimensiones de tales conjuntos narrativos. En la *Recherche* proustiana la fuerte trabazón de todo el ciclo no excluye el carácter episódico de sus componentes, perfectamente aislables y hasta casi leíbles por separado en casos como el de *Un amor de Swann.*

En los ciclos novelescos de Romains —*Los hombres de buena voluntad*—, de Rolland —el citado *Jean-Christophe*—, de Duhamel —las series de *Salavin* y los *Pasquier*—, de Martin du Gard —*Los Thibault*—, de Galsworthy —la *Forsyte Saga*—, se repite tal estructura; presente asimismo en esa otra especie de saga joyceana que es el conjunto de novelas con Stephen Dedalus como protagonista: el del *Retrato del artista adolescente* y el del *Ulysses.* (Y obsérvese que de nuevo estamos ante una curiosa versión de «Bildungsroman».)

Hablar de la estructura homérica (y por ende, episódica) del *Ulysses* con su modelo en la *Odisea*, sería repetir lugares comunes de todos conocidos. Más originalidad entraña la postura de Georges Cattaui al percibir en la estructura de la *Recherche* proustiana claros ecos de la de la *Divina Comedia.* En cierto modo, sugiere Cattaui, Balzac actuó de escritor interme-

---

10. Vid. mi artículo *«Adolphe» y «La Pródiga»*, en *Prosistas españoles contemporáneos*, Rialp, Madrid, 1956, pp. 19 a 31.

diario con su *Comedia Humana* entre la monumental construcción dantesca y la proustiana: «La filiation *Dante-Balzac-Proust*
est donc certaine, établie et consciente. Par ses sphères, ses
cercles concentriques, ses paliers et ses plans, par toute sa sa-
vante structure aux formes enchevêtrées, imbriquées, alter-
nées, l'ordonnance du roman de Proust s'apparente à la *Divine
Comédie*. Qu'est-ce que la *Recherche* sinon la *Quête du Pa-
radis?*».[11]

Por otra parte, esa estructura hecha de encabalgamientos
y de imbricaciones, tal y como Cattaui la describe, podría relacionarse no sólo con la *Divina Comedia*, sino también con la
forma del inacabable arabesco, del ondulante ir y venir narrativo de *Las Mil y una Noches*, según A. Maurois ha tenido
ocasión de observar.[12]

En cualquier caso, resulta evidente que la estructura episódica no es algo que pueda considerarse definitivamente arrum-
bado en el arte de la novela. Son bastante numerosas las obras
actuales en las que tal estructura se da, bien como consecuencia del auge que, en su tiempo, tuvo el «roman fleuve»; bien
del conseguido por los procedimientos «unanimistas», a lo Romains en las letras francesas, o a lo Dos Passos en las letras
norteamericanas con la trilogía *U.S.A.* Novelas españolas contemporáneas como *La noria* de Luis Romero, y *La colmena* de
Cela evidencian la aún no apagada vitalidad de tales estructuras narrativas.[13]

11. G. CATTAUI, *Les haut lieux de Marcel Proust*, en «Livres de France»,
mayo, 1965.
12. ANDRÉ MAUROIS, *En busca de Marcel Proust*, trad. de Juan G. de
Luacés, Janés, Barcelona, 1951, p. 11.
13. GUILLERMO DE TORRE ha descrito muy inteligentemente este sistema, al
referirse a su uso en *Los caminos de la libertad* de J. P. Sartre: «Desde el
punto de vista de la técnica novelesca, *El aplazamiento* es el libro más atrayente, ya que no propiamente innovador. Traduce de forma inequívoca el
impacto —antes detallado— que en la manera de Sartre ha marcado la novelística norteamericana. Aspira a rebasar la técnica multiplanista de John

dos Passos en *Paralelo 42*, parte de la trilogía *U.S.A.* El contrapunto o la alternancia de acciones y personajes alejados en el tiempo o en el espacio —que había popularizado Aldous Huxley en *Point counter Point*— se produce aquí dentro de los mismos párrafos. La simultaneidad se manifiesta mediante superposiciones alternadas. Se diría que el ojo estrábico de Sartre viene a ser aquel ojo pineal de Polifemo que engloba en un mismo plano todas las divergencias, si no la simultaneidad espacio-temporal del cosmos, captándolas en su hervor de fermentación originario». En *Ultraísmo, existencialismo y objetivismo en literatura*, Guadarrama, Madrid, 1968, p. 207. Para N. Cormeau la estructura unanimista (o simultaneísta) se caracteriza por la horizontalidad, en contraposición a la «composición vertical» típica de las novelas de trama compacta, seguida y unitaria. *Physiologie du roman*, pp. 202 a 205.

4

ESTRUCTURA DIALOGADA

1. NOVELA Y TEATRO

Si la novela parece acercarse a la antigua epopeya por la disposición episódica de que, tan frecuentemente, participan sus estructuras, ¿cuáles son los factores estructurales —cabría preguntarse ahora— que justifican la aproximación novela-teatro?

La cuestión es tan antigua como complicada. A poco que se quisiera ahondar en ella, nos veríamos absorbidos por la insidiosa problemática de los géneros literarios.

El hecho de que más de una importante obra literaria —v. gr., *La Celestina*, en nuestras letras— haya suscitado no pocas discusiones sobre su encuadramiento genérico, sobre si es novela o teatro, resulta harto significativo.[1] La utilización del diálogo en forma sentida como no totalmente teatral —en casos como el de *La Celestina* o la lopesca *Dorotea*— es la que parece explicar esa denominación de «novela dramática o dialogada» que, por supuesto, nunca se les hubiera ocurrido uti-

---

1. Sobre esa discusión, referida a *La Celestina*, vid. las interesantes páginas que a la misma dedica M.ª ROSA LIDA DE MALKIEL, en *La originalidad artística de «La Celestina»*, Ed. Universitaria, Buenos Aires, 1962, p. 58 y ss.

lizar a Rojas o a Lope de Vega. Con todo, y ya que hemos aludido a éste, bueno será recordar que el gran comediógrafo no parecía percibir gran diferencia entre el arte de novelar y el de la escena (por más que aquél se le resistiese, según confesión propia):[2] «Yo he pensado —dice Lope en *La desdicha por la honra*, una de las *Novelas a Marcia Leonarda*— que tienen las novelas los mismos preceptos que las comedias, cuyo fin es haber dado su autor contento y gusto al pueblo, aunque se ahorque el arte».

¿Cabría relacionar tal identificación de novela y teatro con la actitud del misterioso Avellaneda al considerar (bien es verdad que despectivamente) que en el *Quijote* cervantino casi todo era comedia, y que comedias venían a ser todas las *Novelas Ejemplares* del mismo autor?

Volvamos al estricto recurso del diálogo en forma más o menos teatral, pues otras consideraciones sobre la índole de los dos géneros aproximables y de la historia de sus allegamientos nos llevarían demasiado lejos.

Cuando Galdós se decidió a escribir novelas totalmente dialogadas (a partir de *Realidad*, segunda parte de *La incógnita*) parece como si en él hubiese rebrotado, transformada, su primigenia vocación teatral, anterior a la novelesca. Años adelante, conseguida ya una brillante reputación tanto en el campo de la novela como en el del teatro, Galdós intentará fundir los dos géneros en una misma expresión, según él mismo nos dirá

---

2.   En las primeras líneas de *La más prudente venganza* dice Lope a su destinataria, *Marcia Leonarda*, es decir, Marta de Nevares: «Prometo a vuestra merced que me obliga a escribir en materia que no sé cómo pueda acertar a servirla, que, como cada escritor tiene su genio particular, a que se aplica, el mío no debe ser éste, aunque a muchos se lo parezca». Y en la dedicatoria de *Las fortunas de Diana*, al presentarse Lope como autor de novelas por sólo complacer a *Marcia*, que le había pedido esta clase de obras: «No he dejado de obedecer a vuestra merced por ingratitud, sino por temor de no acertar a servirla; porque mandarme que escriba una novela ha sido novedad para mí».

en el prólogo a su *Casandra* (1905), novela dialogada: «Al cuidado de sus hermanas mayores, *Realidad* y *El abuelo*, sale al mundo esta *Casandra*, como aquéllas *novela intensa* o *drama extenso*, que ambos motes pueden aplicársele. No debo ocultar que he tomado cariño a este subgénero, producto del cruzamiento de la novela y el teatro, dos hermanos que han recorrido el campo literario y social, buscando y acometiendo sus respectivas aventuras, y que ahora, fatigados de andar solos en excesiva independencia, parece que quieren entrar en relaciones más íntimas y fecundas que las fraternales. Los tiempos piden al teatro que no abomine absolutamente del procedimiento analítico, y a la novela que sea menos perezosa en sus desarrollos y se deje llevar a la concisión activa con que presenta los hechos humanos el arte escénico».

Posiblemente, el primer móvil que incitó a Galdós al empleo del diálogo como total estructura novelesca, no fue otro que el prurito realista de una cierta objetividad.[2bis] Si lo que se pretendía —lo que los teorizadores naturalistas propugnaban— era un alejamiento afectivo del autor respecto a sus criaturas novelescas, con la consiguiente evitación de todo sentimental subrayado que matizara simpatías o antipatías, ningún procedimiento mejor para conseguir tales resultados que el diálogo manejado teatralmente, sostenido por breves acotaciones, situadoras del escenario, los personajes y la mecánica de la acción.

2 bis.   Sobre este punto vid. mi artículo *Perspectivismo irónico en Galdos* en «Cuadernos Hispanoamericanos», 250-251-252, enero, 1971.

2. Motivaciones de la estructura dialogada

Convendría, pues, evitar las mezclas y ambigüedades, y considerar sólo como «novelas de estructura dialogada» las que sus autores han reconocido como tales; por más que a su luz, obras del pasado puedan ser así consideradas, siempre que reconozcamos lo abusivo de un encuadramiento genérico en que no parece probable que pensaran sus autores.

La estructura dialogada en la novela es, por razones obvias, una de las más fácilmente detectables. Pero lo de menos en estos casos es la pura forma del diálogo mantenido en su disposición dramática desde el comienzo al fin, sin casi adherencias narrativas o descriptivas. Lo más importante, me parece, es tratar de captar las distintas motivaciones e intenciones que (según las épocas y los autores) han provocado la utilización de una técnica identificada como teatral. ¿Por qué razón o razones un novelista cree conveniente renunciar a sus habituales procedimientos expresivos, para robar al teatro la estructura que le es propia, y manejarla novelescamente?

Hemos visto ya las razones de Galdós. Cabría preguntarse por las que llevaron a Baroja a estructurar dialogadamente, teatralmente, novelas como *La casa de Aizgorri*. ¿Fue la barojiana aversión a la retórica, a la hueca palabrería y superfluo descriptivismo, la que, en este caso, le llevó a descarnar descriptivamente la acción y a darnos poco menos que el puro hueso de ella a través del diálogo? Tal vez esta razón sería válida en el caso de Baroja, pero no en el de aquellas obras de Valle-Inclán (entre teatrales y novelescas) en las que el diálogo no sólo no supone una evitación de la retórica, sino, en cierto modo, su más superlativa (y personalísimamente valleinclanesca) manipulación. Para Valle-Inclán el diálogo era un poderoso resonador estético, emocional, en contraste con las opacidades y amortiguamientos que se diría trata Baroja de crear: no las estridentes músicas de los carruseles de gran lujo, sino el humilde sonar del viejo tiovivo, del acordeón sentimental.

Recuérdese, como caso significativo, el de la adaptación teatral, de Albert Camus, del *Réquiem para una mujer* de William Faulkner. Como es bien sabido ésta es una novela totalmente dialogada y con estructura teatral. De ahí, la relativa facilidad de su adaptación escénica, semejante en cierto modo a la que ofrecen algunos relatos de otro escritor también norteamericano, John Steinbeck, creador de una modalidad literaria que, según él, participa a la vez de la novela, del drama y del guión cinematográfico: *Of mice and men* es uno de los más conocidos ejemplos de tal modalidad.

A diferencia de lo que ocurre en las novelas de tipo naturalista, en el *Réquiem* el diálogo antes que un recurso objetivador —de necesitar alguno, Faulkner suele manejar otros, más actuales tal vez, como la sucesión contrastada de diversos monólogos interiores—, es, sobre todo, en mi opinión, el excipiente adecuado para un antiguo y noble género literario: la tragedia.

El diálogo no hace más que verificar y acentuar, con la retórica adecuada, la índole trágica de la novela. No se olvide la usual calidad poética de la novelística faulkneriana, y se entenderán mejor la riqueza y densidad musicales de ese constante hablar, gritar, gemir, de los personajes de la obra. Pues un *Réquiem* es un rezo y una música, un sucederse de cantos y de respuestas, de solistas y de coros. El título de la obra de Faulkner está al servicio de una intención simbólico-musical. Con tal doble referencia, Faulkner enmarca el mundo de la tragedia griega, en que la música era algo substancial y no accesorio, en la estructura atormentadamente trágica de *su* mundo sudista.

Ortega y Gasset, al que tanto atrajo siempre el problema de los géneros literarios, se refirió en una ocasión, en un artículo de 1910, *Adán en el Paraíso*, a la novela como «categoría del diálogo». Y también en las *Meditaciones del Quijote* (1914) tuvo ocasión de considerar nuevamente este aspecto desde otra perspectiva.[3]

A la variedad de motivaciones y de fórmulas que cabe asignar a la novela dialogada, aludió M.ª Rosa Lida al decir: «Para mayor confusión, durante el siglo XVIII la novela cultiva asiduamente diversos modos de variación formal: está en auge la novela epistolar y también se cultiva la dialogada. Mendilow [en *Time and the Novel*] cita *The disguise, a dramatic novel*, 1771, de autor anónimo, sin aclarar si se trata de un relato autobiográfico animado por la réplica de un oyente (como *El coloquio de los perros* y *El donado hablador*) o si (como en las novelitas de Thomas Love Peacock, que en espíritu pertenecen al siglo XVIII) un relato novelesco, ramplón de intento, sirve de marco a varios diálogos satíricos. Una novela exclusivamente dialogada como *Le dîner en ville* de Claude Mauriac, París, 1959, postula la predilección de nuestros tiempos por el buceo psicológico y su despego por la acción externa».[4]

Las novelas de Peacock que M.ª Rosa Lida recuerda, ha sido comparadas, alguna vez, por la crítica a aquellas de Aldous Huxley que, como *Yellow Crome*, se caracterizan por la abundancia de los diálogos satíricos, al presentar al lector cuadros, un tanto caricaturescos, de las tertulias y conversaciones de ciertos sectores sociales en los que parecen dominar

---

3. Vid. mi artículo *Teatro y novela: «Réquiem para una mujer», de Faulkner*, incluido en *Proceso de la novela actual*, Rialp, Madrid, 1963, p. 150 y ss.
4. LIDA, ob. cit., p. 59.

la pretenciosidad y la vacuidad verbal, teñidas de intelectualismo.

En cuanto a *Le dîner en ville*, la propia Lida nos señala cómo en esta novela de Claude Mauriac —autor más o menos relacionable con el llamado «nouveau roman»— escuchamos no sólo lo que los personajes que asisten al almuerzo se dicen unos a otros, sino también lo que sólo se dicen para sí: «En efecto: la peculiaridad formal del libro consiste en abstenerse de todo cuanto no sea la palabra exterior o interior de ocho comensales, desde el momento de sentarse a la mesa, hasta que, al volver a la sala, se reanuda la conversación que se había interrumpido para pasar al comedor. El manejo de este lenguaje directo es notablemente variado y eficaz: unas veces la observación proferida por un comensal suscita la réplica mental o hablada de los demás; otras, apenas afecta al soliloquio que cada personaje sostiene casi ininterrumpidamente [...] No puede ser mayor la «consagración» de Claude Mauriac al diálogo pero, a fin de cuentas, su diálogo es el instrumento de la caracterización de los personajes, a la cual el autor ha sacrificado todos los demás elementos novelísticos, toda acción proyectada en tiempo y espacio».[5]

Con esta certera caracterización de *Le dîner en ville* M.ª Rosa Lida nos da una de las claves para el entendimiento de no pocas estructuras novelescas dialogadas: en la mayor parte de los casos podríamos, efectivamente, decir que el exclusivo o muy mantenido uso del diálogo novelesco tiene como finalidad la de permitir que el lector conozca a los personajes sin mediación o interposición alguna, directamente, a través de lo que piensan (reflejado en lo que dicen).

5. Ibíd., pp. 288-289.

3. El «monólogo interior»

Bien es verdad que, con relación al último punto señalado, habría que distinguir entre el pensar interior que no aflora a la superficie en forma de palabras, y el convencional pensar (ocultador del verdadero) que tantas veces éstas suponen. De ahí que M.ª Rosa Lida (al hacer resaltar en *Le dîner en ville* el doble plano de la conversación y del soliloquio) preste en su estudio de *La Celestina* especial atención al uso del «aparte» en el teatro y en la novela. Cuando en ésta, a partir del *Ulysses* de Joyce fundamentalmente, cobró carta de naturaleza el uso del «monólogo interior», el éxito conseguido fue tan grande que repercutió, incluso, en el teatro. Pues en éste, una cosa es el «aparte» tradicional, con el que un determinado actor, acercándose a las candilejas o con la adecuada gesticulación, comunicaba algo a los espectadores que —se suponía— sólo éstos oían y no los restantes personajes de la escena; una cosa, digo, era tan añejo y convencional recurso, y otra, muy distinta, la utilización del monólogo interior (de procedencia novelesca), tal y como funciona en *Strange Interlude* de Eugene O'Neill, o en *The Family Reunion* de T. S. Eliot.

M.ª Rosa Lida recuerda cómo Mendilow en su estudio *Time and the Novel* «ha llamado la atención sobre la novela de George Meredith, *Rhoda Fleming*, 1865, cap. XLIII, donde cada uno de los dos interlocutores acompaña la réplica que pronuncia con una frase no pronunciada que explica el verdadero sentido de la primera, contradiciéndola a veces. Semejante es a veces —recuerda M.ª Rosa Lida— el uso de las acotaciones en las páginas dialogadas de Pérez Galdós [...] en el uso del aparte. Pero con algunos diálogos insertos en novelas (por ejemplo,

La de Bringas, cap. XLVI y sig.; *Los duendes de la camarilla,* cap. II, *La de los tristes destinos,* cap. XV), Galdós alterna magistralmente el pensamiento sincero de su interlocutor con su palabra disimulada».[6]

Ya Leopoldo Alas, *Clarín,* supo destacar magistralmente en algunas obras de Galdós, el uso del procedimiento que Joyce había de consagrar. Así, en el comentario de *La desheredada* apuntó *Clarín:* «Otro procedimiento que usa Galdós, y ahora con más acierto y empeño que nunca, es el que han empleado Flaubert y Zola con éxito muy bueno, a saber: sustituir las reflexiones que el autor suele hacer por su cuenta respecto de la situación de un personaje, con las reflexiones del personaje mismo, empleando su propio estilo, pero no a guisa de monólogo, sino como si el autor estuviera dentro del personaje mismo y la novela se fuera haciendo dentro del cerebro de éste. En el capítulo del insomnio de Teodora hay un modelo de esta manera de desarrollar el carácter y la acción de una novela. Sólo puede compararse a este subterráneo hablar de una conciencia, lo que en el mismo género ha escrito Zola en *L'Assommoir* para hacernos conocer el espíritu de Gervasia».[7]

La expresión utilizada por *Clarín,* «subterráneo hablar de una conciencia», es perfectamente allegable a la que el psicólogo norteamericano William James había de consagrar para definir el monólogo interior: *el fluir de la conciencia* (*the stream of consciousness*).

Pero fue, sobre todo, en el comentario crítico de *Realidad,* la novela dialogada de Galdós, donde Alas tuvo ocasión de ocuparse con detalle y acuidad de este problema. *Clarín* censura en la novela galdosiana el doble plano lingüístico en que Galdós trata de situar a sus personajes: «Aunque el autor distingue, con signos exteriores, lo que los personajes dicen en voz

6. Ibíd., p. 145.
7. LEOPOLDO ALAS, *Galdós,* Renacimiento, Madrid, 1912, p. 103.

alta y lo que dicen para sí, al fin emplea la misma forma para uno y otro caso, el diálogo o el monólogo; pero todo ello es expresión exterior, retórica, como suponiendo en el que habla alto, y después habla para sus adentros, o ni siquiera esto, piensa sin hablar (lo cual ha demostrado la psicología que hacemos todos), la intención de hacerse entender de cualquiera, del *espectador*, y de aquí resulta una falsedad psicológica y retórica que en ocasiones enfría la acción y las pasiones y parece que deforma los caracteres».[8]

Clarín echa, pues, de menos en *Realidad* lo que más adelante será el monólogo interior caótico a la manera joyceana. Al tildar de retóricos e inverosímiles los soliloquios que se leen en *Realidad* dice Alas: «A veces el autor llega a poner en *boca* de sus personajes la expresión literaria, clara, perfectamente lógica y ordenada en sus nociones, juicios y raciocinios de lo que, en rigor, en su inteligencia aparece oscuro, confuso, vago, hasta en los límites de lo inconsciente».[9]

«Añádase a esto —sigue diciendo *Clarín*— la falsedad formal que resulta de la necesidad imprescindible de hacer a los que han de *pensar* ante el público, pero pensar hablando, expresar con toda claridad, retóricamente, sus más recónditas *aprensiones* de ideas y sentimientos; de la necesidad de traducir en discursos bien *compuestos* lo más indeciso del alma, lo más *inefable* a veces. Si fuera cierta la doctrina vulgar de que pensar es hablar para sí mismo, sería menos violenta la forma dramática aplicada a tal asunto; pero bien sabemos ya todos, y un ilustre psicólogo consagró hace años en el *Journal des Savants* un estudio curioso y profundo a la materia, que pensamos muchas veces y en muchas cosas sin hablar interiormente, y otras veces hablándonos con tales elipsis y con tal hipér-

8. Ibíd., p. 201.
9. Ibíd., pp. 219-220.

baton que, traducido en palabras exteriores este lenguaje, sería ininteligible para los demás.[10]

Se diría que estas últimas líneas clarinianas, relativas a las elipsis y el hipérbaton como componentes del desordenado hablar interior, definen ya con toda precisión lo que va a ser el monólogo interior joyceano.

4. VARIANTES DEL «MONÓLOGO INTERIOR»

El monólogo interior no es tanto una estructura como una técnica, si bien cuando ésta se maneja con exclusividad, a lo largo de toda una novela, sirve, en cierto modo, para configurarla y definirla estructuralmente. Por otra parte conviene recordar que tras el rótulo «monólogo interior» (o «fluir de la conciencia») hay que distinguir distintas variantes: «cuatro técnicas básicas» por lo menos, según señala Robert Humphrey: «direct interior monologue, indirect interior monologue, omniscient description, and soliloquy».[11] Por su parte G. Lukács distingue también diversas funciones en el uso del monólogo interior, estudiando su presencia en el *Ulysses* de Joyce (monólogos de Bloom y de su esposa) y en· *Carlota en Weimar* de Thomas Mann (el gran monólogo de Goethe al despertarse): «Y, sin embargo, si nos referimos al verdadero estilo de estas dos obras, no puede imaginarse antítesis más radical, incluso en las escenas análogas que acabamos de señalar. Lo decisivo no es la diferencia de nivel espiritual, que llama la atención inmediatamente, sino el hecho de que en Joyce, el libre flujo de asociaciones no es una mera técnica estilística, sino la forma interna de la relación épica de situa-

10. Ibíd., p. 222.
11. ROBERT HUMPHREY, *Stream of Consciousness in the Modern Novel*, University of California Press, Berkeley, 1959, p. 23.

ciones y caracteres; estéticamente, como principio de ·construcción de todo el *Ulysses,* considero tal cosa como lo más importante en el aspecto artístico. En cambio, en Mann, el libre juego de las asociaciones es un simple recurso técnico utilizado para descubrir y poner de manifiesto una realidad que está muy por encima de las circunstancias inmediatas: la personalidad misma de Goethe y las complejas relaciones jerárquicamente clasificadas, que le ligan a su ambiente social y espiritual».[12]

Se observará que Lukács distingue entre el monólogo interior «como principio de construcción», es decir, como designio estructurador —caso del *Ulysses*—, y el monólogo interior-recurso técnico circunstancial.[13]

Quiere decirse que el «monólogo interior» puede alternar con otros procedimientos narrativos, configuradores de estructuras novelescas más o menos complejas. (Por supuesto, la de *Ulysses* figura entre las más complejas, habida cuenta de que en la misma, aunque el principio estructurador sea el monólogo interior —según apunta Lukács—, hay también otros elementos configuradores.)

En algún caso, la estructura total se consigue mediante la suma de tantos monólogos interiores como personajes intervienen en el relato, consiguiéndose entonces un efecto de rotación, de sucesión de puntos de vista, con un algo de curiosamente musical en el pasar de un mismo tema de un instrumento (de un personaje) a otro. Tal sería el caso de *Mientras agonizo* de William Faulkner.

Una disposición alternada (narración y monólogo interior)

12.   G. LUKÁCS, *Significación actual del realismo crítico*, trad. de M.ª Teresa Toral, Ed. Eva, México, 1963, pp. 18-19.
13.   Otra distinción se debe a LAWRENCE BOWLING en su artículo *What is the Stream of Consciousness Technique?*, en «Publications of the Modern Language Association of America», LXV, 1950, al separar «mental analysis», «interior monologue» y «stream of consciousness».

es la que se encuentra en *La noria* de Luis Romero, si bien en este caso la disposición general de la novela tendría algo que ver con la que Forster consideraba como «estructura encadenada». En *La noria* cuando un personaje desaparece de escena es tras haber entrado en contacto con el que va a sucederle. De ahí, el título de la obra, el desplazarse de personas-cangilones. Cuando uno ha vaciado su contenido argumental, ya está el inmediato dispuesto a efectuar la misma tarea. E. M. Forster en *Aspects of the Novel* (1927) veía en *Roman Pictures* de Percy Lubbock una estructura semejante a una gran cadena, la propia de la vieja danza llamada «the Lancers», los lanceros. Es decir, un entrelazamiento, un encadenamiento de personajes y de escenas.[14]

5. ESTRUCTURAS DRAMÁTICAS

Tras estas consideraciones, bueno será continuar discutiendo las posibilidades de estructuración más o menos dramática, teatral, de que la novela es capaz. El análisis del aparte teatral nos llevó a recordar el funcionamiento del «monólogo interior» como recurso aislado y como principio estructurador. Pero ahora habrá que regresar desde el monólogo al pleno diálogo, pues fue su consideración en las formas literarias extrateatrales, la que nos llevó a replantear tan complicada problemática.

Cuando hablo de formas dialogadas extrateatrales, pienso no sólo en las novelas que adoptan tal conformación, sino también en esas otras curiosas especies literarias de tan variado propósito y entonación como puedan serlo en la antigüedad los *Diálogos* de Platón, y en el humanismo renacentista los *Coloquios* de Erasmo con todas sus secuelas y derivaciones

14. E. M. FORSTER, *Aspects of the Novel*, cap. *«Pattern»* and *«Rhythm»*, incluido en la cit. ob. de Murray, p. 192.

(entre ellas algunas formas bastante allegables ya a la novela, como el *Viaje de Turquía*, y el mismo cervantino *Coloquio de los perros*, relacionable asimismo con los diálogos lucianescos y con el *Crótalon*). En algunas de esas especies la utilización del diálogo tiene un claro origen teatral, aunque la obra en sí no parezca totalmente dramática (tal sería el caso de *La Celestina*, con todo lo que debe a la comedia humanística, al teatro de Plauto y de Terencio). Pero en otras no parece que sus autores hayan tenido en cuenta la filiación teatral del diálogo, ni, por supuesto, sus posibilidades novelescas: tal sería el recién recordado caso de Erasmo y de tantas muestras del humanismo español renacentista, caracterizadas por esa configuración.

En el acercamiento estructural de la novela al teatro habría que distinguir diferentes niveles, que suponen otras tantas motivaciones. En líneas generales, podríamos considerar que el denominador común de todos esos variados empeños vendría dado por el deseo de conseguir para la novela una objetividad semejante a la que es propia del teatro. El problema se relaciona, pues, con el que podríamos llamar de la «voz del narrador».[15] Cuando, a finales sobre todo del siglo pasado, se siente como excesivamente convencional y susceptible, por tanto, de dar un aire falso a la novela, la mantenida presencia del narrador omnisciente; se intenta sustituirla con otros procedimientos capaces de proporcionar una mayor sensación de imparcialidad, de neutralidad narrativa, de alejamiento o supresión del «yo» novelador. Hay quienes, entonces, desean para la novela la condición casi propia del drama. Tal sería el caso de Henry James, según recuerda J. Souvage, al diferenciar como *vieja* y *nueva*, la estructura narrativa tradicional —la de Fielding, W. Scott, Dickens, Thackeray, etc.— de la *nueva* propia de la «dramatized novel», la de Flaubert, Henry

---

15. Sobre esto vid. mi artículo *Cervantes, Balzac y la voz del narrador*, en «Atlántida», n.º 6, noviembre-diciembre, 1963.

James (especialmente en su última etapa), Dorothy Richardson, Virginia Woolf, Joyce, Henry Green, etc.[16]

«Novela dramática» no equivale necesariamente a «novela dialogada», pero la estructura de ésta es la que, muchas veces, aparece como característica de aquélla. El caso de Henry Green sería —de los citados por Souvage— el más significativo a este respecto. En las obras de este escritor inglés se ha fijado Nathalie Sarraute, al ocuparse precisamente de la novela-diálogo en su artículo *Conversation et sous-conversation*: «Un des meilleurs romanciers anglais actuels, Henry Green, fait observer que le centre de gravité du roman se déplace: le dialogue y occupe une place chaque jour plus grande. C'est aujourd'hui, écrit-il, le meilleur moyen de fournir de la vie au lecteur. Ce sera, va-t-il jusqu'à prédire, le support principal du roman pour encore un long moment».[17] Para N. Sarraute siempre llevará el teatro ventaja a la novela en lo que al diálogo se refiere. Si la novela renuncia a aquellos medios que le son específicos y que han hecho de ella un género aparte, para inclinarse peligrosamente del lado del teatro, se encontrará siempre en situación de inferioridad.[18]

6. LA «SUBCONVERSACIÓN»

Los sistemas tradicionales de reproducción del diálogo novelesco le parecen a N. Sarraute poco adecuados y llenos de convencionalismos. Y, no obstante, paradójicamente casi, N. Sarraute considera como ejemplar el manejo del diálogo en las narraciones de una novelista inglesa actual, muy en la tra-

16. Vid. J. SOUVAGE, ob. cit., p. 31.
17. N. SARRAUTE, *L'ère du soupçon*, Gallimard, París, 1964, p. 108.
18. Ibíd., pp. 133-134.

dicional línea de James y, sobre todo, de Jane Austen. Me refiero a Ivy Compton-Burnett, considerada por un amplio sector de la crítica y por la propia Nathalie Sarraute como una de las más grandes novelistas que Inglaterra haya tenido jamás.[19] ¿Es que acaso resulta conciliable la tradicionalidad literaria de I. Compton-Burnett con su posibilidad de alineación junto a los más significativos cultivadores del «nouveau roman»? En cierto modo sí, y la propia Nathalie Sarraute viene casi a reconocerse discípula del arte novelesco de Ivy Compton-Burnett —con el que, sin embargo, no presenta grandes semejanzas— en lo que se refiere al manejo de la «sous-conversation».

Ha preocupado siempre a N. Sarraute —y su libro *L'ère du soupçon* así lo demuestra— el poder captar novelescamente lo que ella llama *Tropismes* (título precisamente de una de sus más conocidas obras); es decir, esos «movimientos minúsculos de la conciencia o de la subconciencia», observables —señala Michel Beaujour— «mediante la observación microscópica del nacimiento de la emoción, de las ambigüedades que germinan en ese campo minúsculo y secreto». En estas novelas la atención se fija en aquello que «escapa a los novelistas que observan al hombre desde mayor distancia: en los intersticios, en los vacíos y, en particular, en el espacio que separa, rodea y hace significar las palabras pronunciadas en el diálogo, la conversación. Toda una novela de la Sarraute podría situarse entre dos réplicas dramáticas de la novela tradicional».[20]

Esos huecos existentes entre los diálogos, esa subconversación que nos resulta inaudible, eso que precede a los gestos y a las palabras que los hombres pronuncian, es justamente lo

19. Ibíd., p. 141.
20. MICHEL BEAUJOUR, *La novela de la novela*, en *La nueva novela europea*, Guadarrama, Madrid, 1968, p. 87.

que N. Sarraute pretende expresar y lo que más valora en el
arte novelesco de I. Compton-Burnett. Las novelas de esta escritora quedan así suficientemente diferenciadas, en su técnica, de las citadas de Henry Green o de algunos seguidores de
éste como Nicholas Mosley. En un relato de Green (v. gr.,
Amor) el diálogo que lo estructura (un diálogo muy abundante) es el que normalmente podríamos escuchar a personajes
con las características sociales —criados y criadas— de los
presentados por el autor. En cambio, las conversaciones que
mantienen los seres creados por I. Compton-Burnett se despe-
gan de todo posible realismo e incluso se colocan en sus antí-
podas, dando como resultado unos diálogos que no podríamos
escuchar a nadie ni en parte alguna. Son diálogos situables
—según N. Sarraute— en ese límite fluctuante que separa la
conversación de la subconversación. Conversaciones a la vez
rígidas y sinuosas, que no se parecen nada a ninguna conversación oída. Y sin embargo, por extrañas que tales conversaciones parezcan, nunca producen una impresión de falsedad
o de gratuidad.[21]

Apenas hay en estas novelas de la Compton-Burnett descripción exterior de personajes, lugares o ambientes. Al liberarse de tales servidumbres novelescas —estima Michel
Mohrt— I. Compton-Burnett se somete a otras más estrechas:
las del teatro. La renuncia a contar la historia desde el punto
de vista del narrador omnisciente, trae como consecuencia el
que sea necesaria una intriga, a favor de la cual los personna-
jes puedan darse a conocer al lector.[22] Tal intriga novelesca
suele caracterizarse por la acumulación de espectaculares y
terribles sucesos: engaños, muertes violentas, incestos (recursos casi propios del melodrama), vividos por unos desmate-

21. N. SARRAUTE, ob. cit., pp. 142-144.
22. MICHEL MOHRT, en la reseña de *La chute des puissants*, «Le Figaro
Littéraire», n.º 1143, marzo, 1968.

rializados personajes, y conocidos por el lector a través de lo que éstos dicen, no de lo que pueda contar la autora. Los diálogos se suceden ininterrumpidamente —señala M. Forni—, estructurados según todas las reglas de la retórica. En la novela *Brothers and Sisters*, para desmentir cualquier sospecha de realismo, los diálogos entre las varias parejas de hermanos se suceden sin solución de continuidad, sin ninguna explicación del cambio de lugar o del paso del tiempo. La impresión que entonces se obtiene —concluye M. Forni— «é quella di una rarefatta inmobilità del tempo e dello spazio».[23]

Frecuentemente estas intrigas se configuran como otros tantos enigmas o misterios, en los que el obsesivo diálogo más que aclarar los hechos, parece encubrirlos, deformarlos. Bien lo ha visto R.-M. Albérès cuando señala cómo en estas novelas de la Compton-Burnett hechas totalmente de conversaciones, se repite siempre un mismo atroz y cruel drama familiar: Un hijo, una madre, un marido, primos que se detestan, se encuentran y se hablan. Al lector corresponde adivinar, a través de los diálogos, las intenciones ocultas, los rencores, las torpezas... Y de esta exigencia que le es impuesta, el lector extrae la sensación de *penetrar* en un mundo que no es enteramente descifrable, un universo donde hay varios niveles de entendimiento del tema, donde persiste y se hace más profunda la ambigüedad misma de la vida, con su espesor y su misterio.[24]

23. MARINA FORNI, ob. cit., pp. 67-68.
24. R.-M. ALBÉRÈS, *Histoire du roman moderne*, Albin Michel, París, 1962, p. 207.

7. LO NOVELESCO Y LO DRAMÁTICO

Pues bien, estas novelas de Ivy Compton-Burnett, tan valoradas por los teóricos y cultivadores del «nouveau roman», tan actuales en función de su carácter enigmático (como bien apunta Albérès) poseen una estructura, un diseño nítidamente tradicional. De ahí que el antes citado M. Mohrt haya podido decir, en otro artículo, que muchas veces los actuales novelistas ingleses no hacen sino vender nuevos vinos en los viejos odres, en las formas narrativas clásicas. Así, I. Compton-Burnett no hace sino escribir novelas calcadas sobre las de Jane Austen. Al estar las obras de la Compton-Burnett integradas por diálogos, se ha creído ver aquí una forma original, cuando la verdad es que la autora es una de las más clásicas novelistas.[25]

Y lo realmente curioso (y éste es, en definitiva, el punto al que me interesaba llegar) es que las novelas de Jane Austen —supuestos modelos de las de I. Compton-Burnett— parecen deber no poco al teatro de su época. Así, Northrop Frye ha podido señalar que «In novels that we think of as typical, like those of Jane Austen, plot and dialogue are closely linked to the conventions of the comedy of maners».[26] Dentro de esa «comedia de costumbres» el modelo bien pudo ser Congreve, según apunta Mohrt.

Por este camino (el de una novela caracterizada por un cierto despego de lo temporal y de lo espacial, por la evitación de lo que hoy solemos entender —o mal entender— por «com-

---

25. MICHEL MOHRT, reseña en «Le Figaro Littéraire», n.º 1103, junio, 1967.
26. NORTHROP FRYE, *Specific Continuous Forms (Prose Fiction)*, en la citada obra de Murray, p. 31.

promiso», hecha de sólo internas tensiones, pulcra y voluntariamente encerrada en unas limitaciones que puedan funcionar —al igual que en la tragedia clasicista— positiva y creadoramente); por este camino, repito, se ha llegado a hablar —y al final de este libro tendremos que hacerlo nosotros— de una posible «novela pura», cuya línea más representativa vendría dada por los autores últimamente recordados: Jane Austen, Henry James, Ivy Compton-Burnett. No deja de ser una tremenda ironía, una curiosa paradoja, la de que ese camino que va a la «novela pura» pase justamente por el menos novelesco, el menos narrativo de los procedimientos: el del diálogo, el del acercamiento deliberado a lo teatral.

Una cuestión de estructuras desemboca, pues, en otra de géneros literarios, como si, a la vuelta de tantos años, resultara inevitable acudir una vez más a la *Poética* de Aristóteles con su conjunto análisis de tragedia y epopeya. La relación entre esos dos mundos poéticos que Aristóteles pudo conocer y describir bien, quedaría, andando el tiempo, enriquecida (y problematizada) con la aparición de la novela. La presencia, en ésta, de unas estructuras emparentables con las de aquéllos, los dos géneros considerados mayores desde Aristóteles, es causa de confusiones, pero origen también de intentos delimitadores.

Una novela con estructura dialogada —v. gr., *La casa y su dueño, Una familia y una fortuna,* etc., de la Compton-Burnett— no se convierte automáticamente en teatro, ni mucho menos. La verdad es que el destino estético de esas obras, tal y como sus autores las han concebido, es el de que puedan (y deban) ser leídas como novelas, sin que tengan por qué producirse interpolaciones, interferencias dramáticas. Cualquier mediano lector de novelas percibirá en ellas, el tono, el ademán, la tensión de lo específicamente novelesco: un haz de emociones que podrían ser comparadas a las que suscita una obra teatral, pero que *se sienten* de linaje distinto. La vulgar observación de que en el teatro posiblemente no resistiríamos unas conversaciones como las que se dan en esas novelas de la Compton-Burnett, en contraste con su aceptación en ellas (dentro de una textura narrativa), dice bastante en cuanto a las diferencias existentes entre ambas zonas de la creación literaria.

Es muy probable que la novela —según han observado no pocos críticos— tenga algo o mucho de «cajón de sastre», de género subsumidor y metamorfoseador de otros géneros, de especie quebrantadora y superadora de reglas, de «escritura desatada» como Cervantes quería. En cualquier caso, parece claro que, en los mejores casos, cuanto es incluido dentro del mágico ámbito de lo novelesco se tiñe de su tono, pierde su inicial naturaleza para aceptar la del nuevo género. Su poder absorbente, aquel hermetismo de que hablaba Ortega con específica referencia a su acción sobre los lectores, se da también, en otro plano, con referencia a las especies, a las estructuras, a los procedimientos literarios que a ella se acercan. Potente llama que convierte en substancia suya, en acrecido fuego, cuanto por ella es atraído. Recinto hermético que permite se filtren en su interior formas que le son ajenas y a las que ya deja incomunicadas con el mundo del que procedían. Por eso, los tonos, los recursos, las estructuras considerables de origen épico o de origen dramático, asumen una entonación decididamente novelesca cuando se dejan desleír y transformar en estructura narrativa.

FORMAS BÁSICAS DE LA NOVELA

1. ESTRUCTURA DRAMÁTICA

Una novela dramatizada será aquella —según J. Souvage—
que se caracteriza por la presentación escénica. En el teatro el
espectador se sitúa frente a un escenario donde unos personajes viven unos hechos sin interferencia de ningún autor. De
hecho en cualquier obra dramática el autor puede ser omnipre-
sente, pero invisible. En una obra teatral la historia no es contada por el autor, sino que nos es dada a conocer a través de
lo que hacen y dicen los personajes. En la novela dramatizada,
el autor desea conseguir la ilusión (ante el lector) de que la
historia se cuenta a sí misma.[1]

El recurrir a la presentación —a la «scenic presentation»
que dice Souvage— nos recuerda aquella aguda observación,
formulada en 1925 por Ortega en sus *Ideas sobre la novela*, de
que, en el desarrollo de este género, se había pasado de narrar,
a describir y a presentar.

Hay quien, incluso, considera que una obra teatral y una

---

1. SOUVAGE, ob. cit., p. 41.

novela se asemejan en estar ambas hechas de «escenas».[2] Pero ¿tiene, efectivamente, la «escena» en la novela el mismo valor que en el teatro?

La «escena» es un elemento importante en la estructura novelesca —y tanto, que para William Handy puede ser considerada como análoga a lo que la «imagen» es en la poesía[3]—, pero no el único, ya que aparece conjugado con otros de más o menos precisa determinación. Hay quienes reducen esos elementos fundamentales a *escena, resumen* y *descripción*, y consideran que cada uno de ellos supone un distinto *tiempo*: El *resumen* implica rapidez; la *escena*, un tiempo normal; la *descripción*, cese del movimiento.[4]

Lo que algunos críticos llaman *resumen* (*summary*) es asimismo designado por otros como *panorama*. Así, Norman Friedmann diferencia en la estructura novelesca aquellos momentos en que las palabras y los gestos se nos ofrecen dramatizados directamente (*scene*), de aquellos otros que suponen un resumen realizado por el narrador (*panorama*).[5]

En coincidencia (involuntaria, posiblemente) con la formu-

2.   Vid. PHILIP RAHR, *Fiction and the Criticism of Fiction*: «The (novels) are composed of scenes, actions, *stuff* and people, just as play are», en la cit. ob. de Murray, p. 119.

3.   WILLIAM HANDY, *Toward a Formalist Criticism of Fiction*, en la citada obra de Murray, p. 96.

4.   Vid. WALLACE A. BACON y ROBERT S. BREEN, *Literature as Experience*, Mc. Graw Hill, Nueva York, 1959, pp. 218-219.

5.   NORMAN FRIEDMANN, *Point of View in Fiction: The Development of a Critical Concept*, en la cit. ob. de Murray, p. 147. Recuérdese asimismo lo señalado por T. TODOROV en *Literatura y significación*, Ensayos/Planeta, Barcelona, 1971, pág. 107: «Las visiones y los registros de la palabra en la narración son dos categorías que entran en relaciones muy estrechas y que atañen, ambas, a la imagen del narrador. Por eso, entre los críticos literarios, ha habido una tendencia a confundirlas. Así, Henry James, y después de él Percy Lubbock, han distinguido dos estilos principales de la narración: el estilo "panorámico" y el estilo "escénico". Cada uno de estos términos acumula dos nociones; el escénico es al mismo tiempo la representación y la visión "con" (narrador = personaje), el panorámico es la narración y la visión "por detrás" (narrador > personaje)».

lación antes recordada de Ortega, Friedmann identifica la técnica del *panorama* o *summary* con el *contar* (*telling*); en tanto que el *mostrar* (*showing*) o *presentar* se relaciona con la *escena* (*scene*).[6] El predominio de ésta puede desembocar, según ya quedó apuntado, en una novela dramatizada, un *dramatic mode,* cuya diferencia con el teatral es debidamente señalada por Friedmann.[7]

Por lo tanto, siempre que se entienda adecuadamente el sentido que tiene la expresión «novela dramática» o «dramatizada», no hay inconveniente en aceptarla. De ahí que haya parecido conveniente recordar su existencia aquí, al referirnos a su estructura.

2. E. MUIR: TRES TIPOS DE NOVELAS

En una obra ya clásica —*The Structure of the Novel* (1928)— Edwin Muir ha distinguido la «Dramatic Novel» como estructura o especie distinta de la «Novel of Character» y de la «Chronicle Novel». Muir admite la existencia de varias clases de estructuras, pero cree que éstas son las fundamentales, aunque, desde luego, puedan producirse cruces entre ellas.[8] Su libro, según indica el título, aspira a describir la estructura «general» de la novela, y no las muchas variedades de forma que ésta puede adoptar.

6. Seguidamente, y en el cit. art., pp. 152 y ss., FRIEDMANN analiza muy precisa y detalladamente varias combinaciones de narración y escena, de omnisciencia, punto de vista, etc.

7. «We have here, in effect, a stage play cast into the typographical mold of fiction. But there is some difference: fiction is meant and there will be a corresponding difference in scope, range, fluidity, and subtlety», estudio cit., p. 162.

8. EDWIN MUIR, *The Structure of the Novel,* 10.ª ed., Hogarth Press, Londres, 1967, p. 7.

Las tres consideradas estructuras fundamentales quedan ejemplificadas por otras tantas obras: *Vanity Fair* de Thackeray como representativa de la «Novel of Character»; *Pride and Prejudice* de Jane Austen, de la «Dramatic Novel»; y *Guerra y paz* de Tolstói, de la «Chronicle Novel».

La «novela de caracteres» no posee una acción definida, una trama, un argumento hacia cuyo desenlace todo se mueve. Los caracteres no son concebidos como partes de la trama; por el contrario, ésta se encuentra subordinada a aquéllos.[9] En la «novela dramática» los caracteres y la trama son, en cierto modo, inseparables. Las cualidades asignadas a los caracteres determinan la acción, y la acción va cambiando progresivamente los caracteres.[10] En la «chronicle» —ejemplificada con *Guerra y paz*— se nos suele ofrecer una amplia descripción de la vida a través del tiempo y del espacio: el ciclo del nacimiento, crecimiento, muerte y nuevos nacimientos, con un sentido o alcance universal.[11]

No procede resumir aquí el breve pero importante libro de Muir, pero sí conviene recordar que el autor establece bien matizadas diferencias entre el tratamiento del tiempo y del es-

9.   Ibíd., pp. 23 y ss.
10.   Ibíd., pp. 41 y ss.
11.   Ibíd., pp. 94 y ss. Las tres formas novelescas fundamentales descritas por MUIR, tienen algo que ver con las que distingue A. Thibaudet en su obra ya citada, *Réflexions sur le roman*. Allí clasifica Thibaudet las novelas en tres especies que él llama «roman brut» —el relato que pinta una época—; el «roman passif» —que abarca el desarrollo de una vida—; y el «roman actif» —que aísla una crisis.

Guerra y paz sirve (como en el libro de Muir) de ejemplo de «roman brut» («chronicle» para el crítico inglés). Como modelo de «roman passif» propone Thibaudet *Gil Blas de Santillana, David Copperfield* (que se corresponderían, en cierto modo, con la «novela de caracteres»). El «roman actif» —equivalente de la «dramatic novel»— aísla y desarrolla un episodio significativo, y se caracteriza por la composición metódica grata a Paul Bourget. *Madame Bovary* constituiría un ejemplo expresivo (ob. cit., pp. 18-20). Con referencia a *Madame Bovary*, recuérdese lo ya dicho sobre Flaubert, autor alineable junto a Henry James, en su común empeño estético, por virtud del cual la novela experimentaría un peculiar acercamiento a las formas dramáticas.

pacio en esos tipos fundamentales de novela, destacando la relación de la «novela de caracteres» con la comedia, y de la «dramática» con la tragedia.[12] Esto puede parecer un tanto chocante, a primera vista, pero hay que tener en cuenta que, junto a *Pride and Prejudice*, Muir cita como expresivo ejemplo de «novela dramática», *Cumbres borrascosas* de Emily Brontë. Si la novela de Jane Austen nunca haría pensar en la tragedia, no sucede lo mismo con la obra de E. Brontë, o con la mayor parte de las novelas de T. Hardy, v. gr., *Judas el oscuro*. Otras sutiles relaciones trata Muir de establecer entre —por ej.— el «plot» expansivo propio de la «novela de caracteres», y el intensivo de la «dramática»;[13] o el allegamiento de la «novela de caracteres» a la pintura, y el de la «dramática» a la música.[14]

El ejemplo de las novelas de Jane Austen ha de relacionarse con lo antes recordado respecto a esta autora, y a su vinculación con las comedias de costumbres a lo Congreve. Pero el caso de *Cumbres borrascosas* o el de *Moby Dick* de Melville —citado asimismo por Muir— nos hacen ver que, en el contexto de su estudio, «dramatic novel» no supone necesariamente «novela teatral» ni tan siquiera «presentativa». Entiendo que aquí no importan tanto las conexiones «formales» que puedan establecerse con el arte de la escena, como las «tonales». Cuando Muir opone la «novela dramática» a la de «caracteres», fijándose en el binomio caracteres-argumento y en su desigual predominio, nos hace ver que «dramatic» ha de ser aceptado como adjetivo indicador de una tensión, del desarrollo de una trama, no existente con la misma categoría y densidad en la «novela de caracteres». Recuérdese, a este respecto, lo que páginas atrás quedó apuntado acerca del juicio que el *Quijote*

12. MUIR, ob. cit., pp. 40 y ss.
13. Ibíd., pp. 59 y ss.
14. Ibíd., p. 92.

cervantino merecía a Ortega. La trama podría haber sido otra, distintas las aventuras vividas por el hidalgo y su escudero. Lo esencial es que éstos fueran siempre los que vivieran tales o cuales episodios. Por el contrario, en cualquiera de las típicas «novelas dramáticas» que Muir cita, resulta inimaginable el desarrollo de un conflicto distinto al allí presentado, puesto que de él procede toda la fuerza emocional y estética de esos relatos.

Hay, finalmente, en el libro de Muir una observación que me interesa transcribir aquí, por cuanto podría ayudarnos a entender, situar y justificar las diferentes estructuras que presenta la novela actual. Al aludir Muir a las inevitables limitaciones de cualquier humana visión del mundo, estima que esas limitaciones determinan el principio de estructuras en los varios tipos de creación imaginativa.[15]

Si en las obras realmente importantes, compuestas con sinceridad y sin concesiones, la estructura novelesca viene condicionada por el contenido mismo de la obra, por lo que se ha propuesto decir el autor, por su visión del mundo, la estructura no es (no debería ser) algo sobrepuesto forzadamente a un contenido, sino una proyección, una natural emanación de este mismo: el inevitable *cómo* en que se organiza un *qué*. A esta luz me parece muy acertada la selección de ejemplos establecida por Muir en su libro; ya que, efectivamente, las novelas de Thackeray, Austen y Tolstói funcionan como muy claros paradigmas de una teoría que no se agota en sí misma, pero de cuya honestidad intelectual no parece posible dudar.

15. Ibíd., p. 113.

POESÍA Y NOVELA

1. POSIBILIDAD DE UNA NOVELA POÉTICA

Junto a la clasificación estructural de Muir cabría citar algunas otras, más o menos relacionables con ella. Así, Irène Simon en su libro *Formes du roman anglais de Dickens à Joyce*, distingue tres modalidades: épica, dramática y lírica;[1] trasladando (sin gran imaginación) al campo de la novela uno de los más tradicionales esquemas de las antiguas poéticas y preceptivas. La forma novelesca calificable de épica tendría su justificación en una muy dieciochesca concepción del género, que, en las letras inglesas, tuvo su más destacado exponente en Fielding. Para el famoso autor de *Tom Jones* la novela vendría a ser un poema heroico-cómico en prosa, con su modelo en el *Quijote* cervantino. A I. Simon le parecen obras representativas de la forma épica, las de Thackeray y Dickens.

En el apartado de novela dramática encontramos casi los mismos ejemplos de Muir, más algunos otros: Emily Brontë, George Eliot, George Meredith, Thomas Hardy, Henry James, Joseph Conrad.

---

1. Cito a través de J. SOUVAGE, ob. cit., p. 94.

Como autores de novelas calificables de líricas, se cita a
D. H. Lawrence, Virginia Woolf y James Joyce.[2]

Posiblemente, este tercer apartado sea el más controverti-
ble, y no porque no quepa el lirismo en la novela, sino por lo
difícilmente determinable de su apreciación en la misma, al
menos por contraste con la relativamente más fácil de los tonos épico y dramático. Pues puede ocurrir (y de hecho ocurre)
que la denominación «novela lírica o poética» haga pensar en
determinados recursos, cadencias, efectos de lenguaje, de estilo: la adopción, en definitiva, de la llamada «prosa poética».
Y aunque no parezca prudente rechazar del todo tal identificación —pues, efectivamente, existen ciertas novelas caracterizadas por la presencia más o menos mantenida de un lenguaje
calificable de poético: v. gr., las de Gabriel Miró—, creo que
el muy *sui generis* efecto lírico que una novela pueda suscitar,
es el resultado de una conjunción de factores —tema, estructura, lenguaje, tono— cuyo último determinante no sería otro
que el de la sensibilidad, la personal visión del mundo del autor. Y junto a ella habría también que considerar la sensibilidad de épocas y de lectores. Pues, como ha visto bien Gaëtan
Picon, en tiempos de intenso predominio lírico es frecuente que
todos los géneros se contagien de tal tonalidad y asuman intenciones poéticas. Recuerda Picon a este respecto cómo Chateau-
briand comenzó por escribir poemas antes de pasar a la prosa.
Él pretendía haber recibido de la Naturaleza «los dos instrumentos»; es decir, la doble capacidad creadora para expresarse
en verso o en prosa. Y de hecho, según Picon, muchas páginas
de *Atala* o del *Genio del Cristianismo* hay que leerlas como
poemas. Caso inverso fue el de Victor Hugo, que comenzó como
novelista. En los años románticos la narración en prosa estaba

---

2.   Sobre esto, vid. en la obra de Andrés Amorós, *Introducción a la novela
contemporánea*, 2.ª ed., Anaya, Madrid, 1971, el capítulo XVIII, *Novela poética*, pp. 183 y ss.

al servicio de las mismas potencias que la poesía. *Jocelyn* de Lamartine es una novela en verso. *Aurelia* de Nerval es un poema en prosa.[3]

En nuestras letras cabría recordar el que me parece interesante caso de Antonio Ros de Olano, escritor que pertenecía —junto con Miguel de los Santos Álvarez— al círculo literario de Espronceda, y en muchos de cuyos relatos en prosa —sus *Cuentos estrambóticos*, sus *Episodios militares*, y la extraña novela *El Doctor Lañuela*— cabe advertir muy peculiares tonos poéticos.

Las conexiones de la novela con la poesía son una consecuencia del ya comentado carácter multiforme del primer género, de su condición de muy particular «cajón de sastre», de su tan comentado proteísmo. Así, Maurice Nadeau ha podido señalar que al evolucionar y cambiar de forma la novela actual, renunciando a ser una «historia» o una «tajada de vida», se convertía en un género proteiforme que poco a poco iba absorbiendo a todos los otros: prosa lírica, poema, confesión, manifiesto.[4] Fue a partir de 1925 cuando se agudizó ese proceso por el cual la novela se convirtió en un género abarcador o subsumidor de los restantes. Hacia 1925 —dice Albérès— tendrá lugar una irrupción de la epopeya y de la alegoría poética en lo que continúa llamándose novela. Pero esta novela no es ya el relato novelesco agradable de leer: es una obra poética, alegórica, épica, mística, que se sirve de la forma de la novela.[5]

A este respecto, y en otras páginas suyas, Albérès ha recordado unas palabras de Robert Musil —autor, uno de los más

---

3. GAËTAN PICON, *Le roman et la prose lyrique au XIXe siècle*, en *Histoire des Littératures* de la «Encyclopédie de la Pléiade», vol. III. Gallimard, París, 1958, p. 1001.
4. MAURICE NADEAU, *Le roman français depuis la guerre*, Gallimard, París, 1963, p. 60.
5. R.-M. ALBÉRÈS, *Histoire du roman moderne*, ed. cit., p. 218.

representativos de la que puede llamarse «novela lírica o poética»—: «Todo el mundo se da cuenta hoy de que una vida sin forma es la única forma que corresponde a la multiplicidad de voluntades y de posibilidades de que nuestra vida está llena». En estas frases de Musil ve Albérès un planteamiento de la novela como obra de arte en el siglo xx. Esta novela ya no puede ser una historia bien contada, una confesión o un reportaje; debe renunciar a una cierta forma impuesta, para acoger los azares y las inspiraciones de la poesía, de la alegoría, del símbolo, del arte.[6]

Musil, junto con Proust, Joyce, Broch, Lowry, compondrían una constelación de escritores empeñados en elevar la novela a la condición de obra de arte. Ésta ya no puede ser el simple pasto para la imaginación y la curiosidad elementales —como dice Albérès—, y se convertirá, por el contrario, en el equivalente de un poema o de una obra de arte.[7]

Limitándonos al estricto campo de la novela lírica o poética —confundible, según se va viendo, con la novela alegórica, la mítica, etc.—, habría que recordar, por su simplicidad, la definición que de la misma da Ralph Freedman en su libro *The Lyrical Novel*, Princeton University Press, 1963: «Es un género híbrido que usa la novela para acercarse a la función de un poema». Aunque Freedman centra sus estudios en los casos de Hermann Hesse, André Gide y Virginia Woolf, se ocupa asimismo del *Werther* goethiano, del *Malte Laurids Brigge* de Rilke, del *Ulysses* de Joyce, e incluso de lo que de novela poética hay en el desconcertante y extraordinario *Tristram Shandy* de Sterne.[7bis]

También en la crítica norteamericana y en un artículo apa-

6. R.-M. ALBÉRÈS, *Métamorphoses du roman*, Albin Michel, París, 1966, página 74.
7. R.-M. ALBÉRÈS, *Histoire...* pp. 417-418.
7 bis. Del libro de FREEDMAN existe actualmente traducción española debida a José Manuel Llorca, *La novela lírica*, Barral, Barcelona, 1971.

recido en 1952 en el vol. XIX de «Partisan Review», *The Novel Again*, su autor, Steven Marcus, piensa que la tendencia dominante en la novela durante los últimos quince o veinte años se ha caracterizado por ir en dirección de la poesía. Esto no quiere decir que la prosa novelística se haya hecho más poética, sino simplemente que la novela actual parece ir adquiriendo, cada vez más, la característica formal de la poesía.

En las letras inglesas las obras de William Golding constituirían un ejemplo significativo (Marcus recuerda que Golding inició su carrera como poeta, y que en sus novelas —la más conocida, *Lord of the Flies*— se puede percibir una «structure of fantasy»). Otro caso revelador le parece a Marcus el de la novelista inglesa Muriel Spark, en cuyas obras más significativas —v. gr., *Memento Mori, The Ballad of Peckham Rye, The Go-Away Bird*— descubre el crítico curiosas semejanzas con los poemas metafísicos de John Donne.

(Como episodio colateral a este tan comentado acercamiento de la novela a la poesía, cabría recordar los intentos de la crítica formalista rusa y norteamericana por estudiar las estructuras novelescas como se estudian las de unos poemas, y las reacciones del antiformalismo sobre este punto.)[8]

2. NOVELA MÍTICA

El allegamiento a la poesía se ha producido, sobre todo, en la que suele llamarse «novela-mito» o «novela mítica». De ella resultaría difícil dar, no ya una definición, sino tan siquiera una imagen adecuada. En cierto modo, y a la vista de las obras que diversos críticos tienden a incluir en este apartado, cabría

8. Vid. acerca de esto el estudio preliminar de ROBERT MURRAY DAVIS a su tantas veces citado libro *The Novel. Modern Essays on Criticism*.

decir que una novela de tal tipo vendría a caracterizarse porque el lector sensible se da cuenta de que, tras lo que el narrador le está contando, hay —en virtud de misteriosos símbolos o alegorías— un constante aludir a algo que subyace profundamente más allá de la superficie novelesca.

Al reseñar R.-M. Albérès la obra de G. Poulet, *L'Espace proustien*, considera que la *Recherche* nos ha enseñado a considerar la novela como un mito, algo que es preciso descifrar y saborear como se descubren las significaciones de una gran obra casi onírica, la de un Virgilio o la de un Milton.[9] Lo dicho de Proust puede ampliarse a otros autores como Joyce, en quien Albérès ve al último novelista de la Edad Media, al sucesor del *Roman de la Rose*, al creador de la novela simbólica;[10] o a Musil, Malcolm Lowry, Michel Butor. En autores como éstos «la realidad novelesca se vuelve mítica por estar sobresaturada de "significaciones". Todo lo que sucede tiene un sentido, más o menos oculto. Todo hecho realista se articula allí a un contexto simbólico, y la intriga se confunde con una leyenda tácita».[11]

Efectivamente, quien lea, por ejemplo, la bella novela de Lowry, *Bajo el volcán*, tendrá la sensación de que tras los sucesos allí presentados, tras el paisaje mejicano allí descrito, hay otra cosa, hay unas reticencias dantescas, hay una simbología y una temática de pecado y purgación. La infiltración de todo eso en la muy elaborada estructura narrativa de *Bajo el volcán* comunica a la obra un indudable acento poético; el mismo que cabe percibir en el complejo y lento símbolo de *La muerte de Virgilio* de Hermann Broch.

Cualquier lector, asimismo, de *Lord of the Flies* de Golding,

9. R.-M. Albérès, reseña *Sur le «meta-roman»*, en «Les Nouvelles Littéraires», n.º 1894, diciembre, 1963.
10. Albérès, *Métamorphoses...*, p. 122.
11. Ibíd., p. 134.

se da cuenta de que, tras la descripción de la aventura vivida por una colonia de niños náufragos en una isla desierta, hay algo, hay bastante más que la pura epidermis de una novela de aventuras a lo *Escuela de Robinsones* de Verne. Los terribles sucesos que Golding va narrando, la caída en la barbarie, el crimen, de esa microhumanidad compuesta por varias facciones infantiles que llegan a sentirse divididas —cazadores frente a centinelas del fuego—, hacen que el relato se convierta en una impresionante alegoría, en una terrible fábula o parábola sobre la historia de la humanidad, el origen de las segregaciones y discordias, la imposición de los instintos, los ritos bestiales del sacrificio y de la sangre.

Para Michel Butor, considerado por Albérès como uno de los autores representativos de la «novela-mito», ésta no sería otra cosa que la expresión narrativa oponible a la novela popular: «Evidentemente —dice Butor—, hay una novela ingenua y un consumo ingenuo de la novela como solaz o diversión, lo que permite pasar una hora o dos; "matar el tiempo", y todas las grandes obras, las más cultas, las más ambiciosas, las más austeras, están necesariamente en comunicación con el contenido de este enorme ensueño, de esta mitología confusa, de este innumerable comercio, pero desempeñan también una función totalmente distinta y absolutamente decisiva: transformar el mundo en que vemos y contamos el mundo, y, por consiguiente, transformar el mundo».[12]

Para algún crítico este proceso de mitificación de la novela es mucho más antiguo de lo que pudiera creerse. Así, Maurice Z. Shroder cree que fue con autores como Zola y Hardy cuando las novelas entraron en la fase que podría llamarse de «remythification»: la tendencia a ver la vida humana en términos de mito y de leyenda, para así conseguir los efectos que pare-

12. M. Butor, *Sobre Literatura*, II, Seix Barral, Barcelona, 1967, pp. 115-116.

cían propios de la poesía. Shroder considera que Joyce y Mann comenzaron como realistas y acabaron en la «mythopoeia».[13]

En última instancia se trata de un asunto que no supone, *per se*, problema estructural alguno, ya que no existe una organización común a las novelas míticas, muy diversas en lo que a su estructura se refiere.

La posibilidad de una novela poética (que muchas veces se configura como novela alegórica o mítica) no implica un problema estructural, pero sí la existencia de una pluralidad de estructuras, de una libertad formal no compartida, en idéntica proporción, por ningún otro género literario. (El diálogo, por ejemplo, puede funcionar como *una* estructura en la novela. En el teatro el diálogo es *la* estructura misma de tal género.)

13.   MAURICE Z. SHRODER, *The Novel as a Genre*, en la cit. ob. de Murray, pp. 56-57.

ESPACIO Y TIEMPO. ESTRUCTURA Y RITMO

1. La crítica formalista y la novela

De las distintas especies novelescas no procede tratar aquí, pues ello equivaldría a separarnos de nuestro objetivo y a entrar en descripciones temáticas, sin nada estructural ya. Distinciones como las de «romance» y «novel», o «roman» y «récit», tienen relevancia sólo en las lenguas inglesa y francesa. Más interesante me parece —por su conexión con la materia de este libro— la diferenciación que Robert Murray establece entre la novela concebida como un «artefacto autónomo» (es decir, como una estructura estética válida por sí misma, sin más implicaciones; «un objeto creado cuya forma es su contenido, que se dirige primariamente al sentido estético del lector»); y, por otro lado, la novela de tipo «mimético», que supone una presentación de la vida, que se desentiende de los problemas técnicos, y que cuenta con las preocupaciones éticas y emocionales del lector. Murray señala que, para algunos críticos, la novela «artefacto» o «estructura» se caracteriza ideológica, políticamente, por su signo «conservador» o «reaccionario»; en contraste con el tono «liberal» de la novela «mimética».[1]

Parece claro que esta cuestión tiene algo que ver con la ya

---

1. Robert Murray, *Preface* a *The Novel*, ed. cit., p. XI.

suscitada de una «novela pura». Más adelante tendremos que
volver sobre punto tan decisivo en materia de estructuras.

La atención prestada a todo aquello —forma, estructura,
técnica— que, aun involucrado con el contenido novelesco, permite un estudio en cierto modo independiente de él, es algo
que viene percibiéndose desde que determinados narradores
—como el ya citado Flaubert— se pronunciaron en favor de tales aspectos estéticos y formales. Con Proust tiene lugar una
profunda transformación en el arte de novelar. Con la *Recherche* comienzan —dice Albrérès— «las formas polifónicas,
musicales, estereofónicas, del encantamiento novelesco».[2]

Tendencias críticas como la del «formalismo» ruso y la del
«new Criticism» norteamericano, se caracterizan por el estudio de las estructuras literarias, intentándose incluso un acercamiento de las expresiones narrativas a las poéticas, en lo
que a análisis formal se refiere. Un estudio significativo, en tal
orden de cosas, es el de William Handy, *Toward a Formalist
Criticism of Fiction*.[3] En el artículo ya citado de Steven Marcus se dice que la crítica más reciente de las novelas se caracteriza por las «formal considerations of structure and image-
ry, with their techniques of analogy and complex patterns as
irony».[4] Y por su parte, el propio Robert Murray, en el *Preface*
a la antología de estudios de la novela, reconoce que lo más
valioso en ese campo de la crítica literaria tiene que ver «with
problems of form and technique».[5] Libros ya clásicos en tal
campo, son los citados de Forster, *Aspects of the Novel* (1927);
Edwin Muir, *The Structure of the Novel* (1928); más el de
Percy Lubbock, *The Craft of Fiction*, aparecido algunos años
antes (1921).

2. R.-M. ALBÉRÈS, *Métamorphoses...*, ed. cit., p. 16.
3. Incluido en MURRAY, ob. cit., pp. 96 y ss.
4. MURRAY, ob. cit., p. 269.
5. Ibíd., p. V.

Para S. Marcus es perfectamente natural y comprensible que la novela y la crítica literaria hayan, recientemente, experimentado un desarrollo análogo; dadas las estrechas y recíprocas relaciones existentes entre ambas especies literarias, ya desde la aparición del *Quijote*.[6]

Por otro lado, la modernidad de los estudios centrados en la estructura novelesca es muy relativa, si recordamos —según ya quedó apuntado— que los problemas llamados por las preceptivas de «composición» son tan viejos como estas mismas. Ya hemos visto sus ecos en la actitud adoptada por Thibaudet frente al rigorismo de Paul Bourget. «La crítica neoclásica del siglo XIX —ha escrito Claudio Guillén— se obstinaba en atribuir a la novela lo que Paul Bourget llamaba "absence de composition", o sea, una ausencia de armonía, proporción, orden, selección, etc. Éstas eran las virtudes estructurales que los críticos exigían de la novela. Y los errores en que aquéllos incurrieron se deben a la endeblez de unos criterios que no son susceptibles de aprehender lo propio de la composición novelesca.»

«Va ya para cincuenta años que un crítico genial, Albert Thibaudet, descifró la causa de esta mala inteligencia. No debemos confundir, explica Thibaudet, las virtudes de la novela con las de la oratoria clásica o el teatro. Pues, al hablar de estos dos géneros, tendemos a manejar criterios de índole espacial —aplicables, en rigor, a la pintura o la arquitectura. Fuertemente influido por Bergson, en una época en que poetas, novelistas y críticos sienten la obsesión del tiempo, intuye Thibaudet que en la temporalidad está la clave de la composición novelesca.»[7]

6. Ibíd., p. 269.
7. Claudio Guillén, *La disposición temporal del «Lazarillo de Tormes»*, en «Hispanic Review», XXV, octubre, 1957, pp. 266-267.

2. CONCEPTO TEMPORAL DE LA «COMPOSICIÓN» NOVELESCA

Existe, pues, un concepto *temporal* de la composición o estructura novelesca, enfrentable, en cierto modo, al *espacial*, tal y como Joseph Frank lo ha estudiado.[8] La novela se configura, en consecuencia, como la expresión literaria en la que el tiempo supone un factor fundamental. Y por este camino llega Thibaudet a trazar dos grandes divisiones del arte literario: artes de tiempo medido, y artes de tiempo libre. «El discurso y la conferencia, el teatro, la "nouvelle" [es decir, la novela corta, el cuento literario] son géneros muy diferentes —reconocía Thibaudet—, pero todos presentan el rasgo común de verse constreñidos a utilizar un "minimum" de tiempo para un "maximum" de efecto. De ahí la necesidad y las leyes de la composición. El lirismo, la epopeya, la novela, disponen, por el contrario, de tiempo al modo de la misma naturaleza. [...] La epopeya puede expandirse libremente, al igual que la novela.»[9]

Creo que de esa libertad en el uso del tiempo de que la novela dispone, depende, en cierto modo, su libertad estructural, su capacidad para configurarse de muy varias maneras; por contraste —según ya quedó apuntado— con otros géneros literarios, cuyas limitaciones temporales —y, de nuevo, me permito recordar las del teatro— condicionan de alguna manera las de su estructura, más rígida normalmente que la de la novela. Entiéndase bien que no se trata de una cuestión de superioridad o inferioridad; puesto que la eficacia estética nada tiene que ver con la rigidez o la flexibilidad estructural. Es bien

8. JOSEPH FRANK, *Spatial Form in Modern Literature*, en «Sewanee Review», LII, 1945.
9. A. THIBAUDET, *Réflexions...*, ed. cit., p. 186.

sabido que en el teatro pueden conseguirse poderosos efectos estéticos y emocionales, por obra y gracia precisamente de esas limitaciones, siempre que el dramaturgo sepa entenderlas y explotarlas artísticamente. Una limitación puede actuar —y de hecho, actúa muchas veces— como un estímulo y un reto. Y, correlativamente, una falta de limitaciones, una gran fluidez estructural, no siempre cristalizan en resultados positivos, por cuanto pueden dar lugar a peligrosas dispersiones y extravíos. Quiero decir con ello que no siempre la fluidez estructural de la novela funciona en favor de sus cultivadores; ya que para algunos tal elasticidad formal, tal libertad en el manejo del tiempo, equivale a desenfoque emocional y estético, a incapacidad de concentración, a un dejarse arrastrar por la fácil tentación de lo que, por la movilidad de su fluir, no parece necesitar de cauce ni de rumbo.

Acercar los términos de «tiempo» y de «estructura» equivale a poner en comprometido contacto los ejes conceptuales de una de las cuestiones más debatidas en torno a la esencia misma de la novela. Recuérdese lo apuntado antes acerca de las razones que llevaban a O'Grady a rechazar el concepto de «estructura» en su aplicación a una especie artística que, como la novela, pertenece a las llamadas artes acústicas o del tiempo. Pero es sobradamente conocido que entre éstas y las llamadas ópticas o del espacio, no existe una total separación, sino más bien una relación que Fritz Medicus llama polar,[10] por virtud de la cual las artes de un grupo pueden remitir a las del otro, y viceversa.

10. FRITZ MEDICUS, *El problema de una historia comparada de las artes* en *Filosofía de la Ciencia Literaria*, trad. de Carlos Silva, Fondo de Cultura Económica, México, 1946, pp. 195 y ss.

3. Los conceptos de «Pattern» y de «Rhythm» en Forster

Esta doble consideración de «espacio» y .de «tiempo» enfrentados a la estructura novelesca, es la que llevó a Forster a discutir, muy inteligentemente, los conceptos de «Pattern» y de «Rhythm».[11] Por «pattern» entiende Forster el diseño espacial, aquello que en una novela podría ser descrito en términos plásticos, con alusiones ópticas. Aparte del caso ya citado de *Roman Pictures* de Lubbock, cuyo «pattern» adopta la forma de una gran cadena, de la vieja danza encadenada de «lancers»; analiza Forster el caso de *Thais* de Anatole France; historia de una situación que se invierte, ya que si el ermitaño Pafnucio sucumbe a la tentación encarnada en la cortesana, ésta acabará por salvarse, gracias a Pafnucio. Tal disposición de los hechos hace pensar a Forster en la forma propia de un reloj de arena, con su doble ampolla invertible. Una estructura parecida es —según Forster— la de la novela de Henry James, *The Ambassadors*. Precisamente este escritor le parece a Forster uno de los más cuidadosos en el trazado, en el acabado del «pattern» de sus novelas; sirviéndose de esas texturas a las que aludimos a propósito de la «dramatic novel», utilizando muy pocos y muy escuetos personajes. Forster considera que lo así conseguido por James, es a costa de un muy «heavy price», a expensas de la pérdida de vitalidad, de calor humano. Tal es la desventaja de un rígido «pattern»: cierra las puertas de la vida, y deja al novelista haciendo ejercicios en su estudio. Se consigue, sí, la belleza, pero de una manera harto tiránica.

11. Vid. en la cit. ob. *Aspects of the Novel* las páginas dedicadas a este punto. Están reproducidas, con el título precisamente de *Pattern and Rhythm*, en la cit. ob. de Murray, pp. 192 y ss.

Piensa Forster, entonces, que la belleza puede alcanzarse a través del «ritmo», estudiando su función estructuradora en la *Recherche* de Proust; otra que le parece caótica, carente de forma externa (en el sentido de «pattern» espacial),[12] pero no de un muy intenso y fácilmente perceptible ritmo estructurador. El tema de la pequeña frase musical de la que primero es sonata de Vinteuil, para al fin convertirse en sexteto, cruza el ciclo novelesco de una punta a otra, como un eco, una memoria, dice Forster. Se trata, pues, de un poderoso elemento organizador, calificable de rítmico.

Con todo, Forster —que al hablar de «rhythm» comienza recordando la organización de la 5.ª Sinfonía de Beethoven— no ve analogía entre la estructura de una sinfonía y la de una novela, fijándose en que la música no emplea cosas humanas, regida como está por intrincadas leyes; en contraste con la

12. Afirmación un tanto discutible, ya que el ciclo novelesco de Proust es uno de los que más caracterizaciones estructurales ha merecido, en términos estrictamente plásticos: composición circular, en forma de rosetón, forma estereoscópica, conjunto de imágenes proyectadas por una linterna mágica, etcétera.

Sobre esto escribe GÜNTER BLÖCKER: «Igual que contra Joyce, se levanta contra Proust el reproche de la falta de forma, y como Joyce, se ha defendido Proust contra esta aseveración. En una carta, sólo recientemente revelada por André Maurois, dirigida a Jean de Gaigneron, escribe Proust: "Y cuando usted me habla de catedrales, percibo con emoción que ha comprendido usted intuitivamente lo que nunca he revelado a nadie y escribo aquí por primera vez: que a cada parte de mi libro yo hubiese querido dar el título de pórtico, rosetón del coro y demás para adelantarme a la necia crítica de que mis libros están faltos de estructura". La comparación arquitectónica puede parecer extraña ante lo que se creería más bien calidad vegetativa de la épica de Proust. Pero existen abundantes testimonios y ejemplos de lo planificada y consciente que es esta obra gigantesca. Al pedirle Francis Jammes al autor que suprimiese un párrafo del primer tomo que encontraba escandaloso, se negó Proust con la afirmación de que ese párrafo contenía la explicación de los celos del protagonista en el tomo cuarto y quinto (es decir, unas 2.000 páginas más atrás), de modo que si se suprimía la columna, se derrumbaría la cúpula». (G. BLÖCKER, *Líneas y perfiles de la literatura moderna*, Guadarrama, Madrid, 1969, pp. 85-86.) Vid. asimismo JEAN-YVES TADIÉ, *Proust et le roman*, Gallimard, París, 1971, especialmente el capítulo IX, *Architecture de l'œuvre*, pp. 236 y ss.

novela, la cual ha de ocuparse de cosas y seres humanos, como reflejo de la vida que es.[13] Sobra advertir que tal consideración de la novela responde, fundamentalmente, a la que Murray llama «mimética» por oposición a la «novela-artefacto» o «novela-estructura». Por eso, Murray, al criticar estas páginas de Forster, recuerda la actitud de aquellos otros críticos que ven la novela como «a structure, an objet».[14] Para éstos sí cabe una aproximación puramente artística y formal a un género que, así considerado, tuvo en Henry James a uno de sus máximos exponentes.

Creo que acierta plenamente Murray, en su crítica de Forster, al decir que una novela es a la vez proceso y construcción (es decir, que participa conjuntamente del «rhythm» y del «pattern»), y que no existe incompatibilidad entre la descripción de la vida, y su resolución en una forma artística. En la misma idea insiste Murray a propósito del ya citado artículo de Joseph Frank, *Spatial Form in Modern Literature*: por más que una novela pueda ser considerada en términos espaciales, continúa siendo un proceso, una progresión.[15]

No parece, pues, conveniente establecer una rotunda oposición entre los conceptos de «pattern» y de «rhythm»; aunque resulta claro que así como no hay novela que pueda existir fuera del tiempo (pues incluso aquellas que querrían fijarlo,

13.   MUIR, al ocuparse de las teorías de Forster, expresó su escepticismo frente a los conceptos de «pattern» y de «rhythm» aplicados a la novela, pues «no podemos realmente creer que una novela tenga un diseño como un tapiz o un ritmo como una canción» (Ob. cit., p. 15). Y sin embargo, y a propósito de *Vanity Fair* como paradigma de «dramatic novel», Muir se permitía comparar tal especie narrativa no con una pintura, sino con «a movement in a symphony» (p. 85). Una interesante caracterización del *ritmo* aplicado a la literatura es la que se encuentra en Cesare Pavese, el cual compara en *Il mestiere di poeta* el nacer de una narración con el moverse del agua turbia y revuelta, que poco a poco se aclara, se inmoviliza y llega a ser transparente. Vid. MARINA FORNI, ob. cit., p. 114.

14.   MURRAY, ob. cit., p. 205.

15.   Ibíd., p. 102.

inmovilizarlo, con la captación de un solo instante, casi a la manera del *Finnegan's Wake* de Joyce, no pueden existir fuera del tiempo del lector, del consumido por éste en hacerse con la imagen total de la novela), sí en cambio pueden existir novelas cuyo «pattern» u organización espacial apenas cuente estéticamente. Bien es verdad que por su natural condición, la novela es una especie artística en la que siempre resulta más fácil aprehender su «ritmo», su calidad de «proceso», que su diseño espacial, no siempre claro o perceptible; quizá como consecuencia de la índole metafórica del mismo. Pues lo que en una escultura o pintura son efectiva y ópticamente líneas, círculos, volutas, ángulos, planos, etc., lo son sólo traslaticiamente en la visión, captación total de una novela. Quiero decir que así como ante *El entierro del conde de Orgaz* vemos de una vez, inmediatamente, su composición partida, los dos planos de que consta; en una novela que participe de una disposición semejante (una novela bipartida, v. gr., *Las palmeras salvajes* de Faulkner) necesitamos del transcurso del tiempo (el empleado en su lectura seguida) para poder percibir claramente tal estructura. Tan sencilla y hasta vulgar consideración puede hacernos ver hasta qué punto la novela es *proceso*, y cómo éste condiciona la configuración de su estructura.

ESTRUCTURA MUSICAL

1. LA «MUSICALIZACIÓN» DE LA NOVELA

Una estructura novelesca es algo que se va haciendo —para
el lector— según éste avanza en la lectura de la obra, y cuya
total disposición no se le revela —al igual que ocurre con la
de la sonata o la sinfonía— hasta que ha concluido el último
capítulo, hasta que ha sonado la última nota. Lo que sucede
es que la fluencia temporal misma de la novela, el hecho de
que sólo podamos ir conociendo sus partes, sus componentes,
en forma sucesiva y ordenada, trae como consecuencia el que
no nos resulte fácil retener en su totalidad tal serie de suman-
dos; escapándosenos, pues, la forma resultante. En algún caso
—al que más adelante aludiremos— en que el autor nos ofrece
más de una posibilidad de orden en la lectura de una novela
(v. gr., *Rayuela* de Cortázar), parece obvio que el resultado
equivale a una pluralidad de posibles estructuras, dos por lo
menos, condicionadas por la pauta adoptada por cada lector.

En cualquier caso, y pese a las restricciones establecidas
por Forster, no parece demasiado ilegítimo hablar de novelas
caracterizadas por su estructura musical.

Ya en el siglo XVIII, Sterne, con muy burlesca intención, en el capítulo XI del Libro VI de su novela *Tristram Shandy*, aludía a un sermón de Yorick y a las indicaciones de *tempo* anotadas en su escritura, a efectos de su recitación:

«What Yorick could mean by the words *lentamente, — tenute, — grave,* — and sometimes *adagio,* — as applied to theological compositions, and with which he has characterized some of these sermons, I dare not venture to guess. — I am more puzzled still upon finding a *l'octava alta!* upon one; *con strepito* upon the back of another; — *siciliana* upon a third; — *Alla capella* upon a forth; —*Con l'arco* upon this; —*Senza l'arco* upon that.»

Se trata evidentemente de unas burlescas metáforas con las que satirizar determinados amaneramientos de la predicación religiosa, y, a la vez, informarnos del auge conseguido por la música en el siglo, y especialmente por aquélla de tipo operístico y de procedencia italiana. (El predicador de Sterne tiene, tal y como nos lo da a conocer el pasaje transcrito, algo de cómico maestro de *capella*, a lo Cimarosa, enfrentado no a una orquesta, sino al propio sermón que ha de recitar, tañer, cantar.)

Si he traído a colación tan irónico texto de Sterne, ha sido porque algunas de esas burlescas metáforas habían luego de convertirse en serios procedimientos estéticos, aplicados al arte de novelar. Claudio Guillén ha resumido con gran precisión los orígenes de tal tendencia: «Los simbolistas habían puesto de moda el sincretismo de las artes, a fines del siglo XIX y principios del XX (las *Sonatas* de Valle-Inclán, en que lo musical y lo pictórico se aúnan; títulos de novelas como *The Portrait of a Lady*, de H. James, etc.). A partir, poco más o menos, de 1912, [...] predomina el tema del tiempo o lo que un personaje de A. Huxley denomina «the musicalization of fiction» (*Point counter Point*, 1928, cap. XXII). Se difunde el pensamiento de Bergson, van saliendo a luz los diversos tomos de la obra maestra de Proust, y los novelistas cultivan el vocabulario musical: por ejemplo, la *Symphonie pastorale* de Gide (1919), los títulos de los capítulos de *Tigre Juan* y *El curandero de su honra,* de Pérez de Ayala (1926), y principalmente el *Zauberberg* de T. Mann (1924), que encierra extensas meditaciones sobre el tiempo considerado como esencia y forma de toda narración».[1]

A los nombres citados por Guillén cabría agregar otros, por su valor de precursores: así, según recuerda Schorer, Joseph Conrad, el cual escribió una vez que «la novela debía aspirar a la plasticidad de la escultura, al color de la pintura y a la mágica sugestión de la música, que es el arte de las artes». Y con referencia a su relato *Hearth of Darkness,* Conrad llegó a describir algunos de los aspectos de su composición en términos musicales; refiriéndose a su tema sombrío, a sus siniestras resonancias y tonalidad propia, capaces de quedar resonando en el aire y permanecer en el oído, incluso después de apagada la última nota.[2]

Se trata, evidentemente, de metáforas, pero no por ello hay que despreciar el efecto estético que tras ellas subyace, y que novelistas como los hasta ahora citados pretendieron conseguir. Metáforas legítimas, por pertenecer la música y la literatura al común dominio de las artes del tiempo. Precisamente tal consideración fue la que llevó a decir a Charles Du Bos en un prólogo a la traducción francesa de *La Princesa blanca* de M. Baring: «La longitud es la necesidad primordial de la novela que se proponga situarnos en posesión de un mundo. Porque, como por su misma naturaleza, todo libro pertenece a la vez al espacio y al tiempo, establece con el lector una relación análoga a aquella, para el auditor, de la partitura re-

1. C. GUILLÉN, art. cit., pp. 266-267, n. 9.
2. MARK SCHORER, *Technique as Discovery,* en la cit. ob. de Murray, p. 89.

ferida a la sinfonía; espacio y tiempo son aquí solidarios, y el *tiempo* del novelista tiene necesidad del *espacio*, para asociarnos a los procesos concretos de los personajes, y para que, en virtud de su entrecruzamiento, pueda darse la composición de un *mundo*».[3]

La comparación establecida por Du Bos entre el lector de una novela y el auditor de una sinfonía, cuyo desarrollo sigue, partitura en mano, puede parecer algo arbitraria. Pero, quizá por eso mismo, no deja de resultar curioso que, en nuestros días, un crítico hispanoamericano, Juan Loveluck, se haya servido de una comparación semejante con referencia a *Rayuela* de Cortázar; al considerar que éste «hace de cada lector un intérprete, un "ejecutante" de cierta partitura recibida».[4]

Es claro que Du Bos se refiere a un simple auditor, y Loveluck a un ejecutante, aludiendo con ello a esa condición que *Rayuela* posee, de novela leíble de distintas maneras, realizable musicalmente de distintas formas, según el gusto de cada lector-ejecutante. «El lector juega con la novela: la novela juega con el lector. En sus páginas no se trata, como en las estrofas del *Libro de Buen Amor* —otra obra abierta—, de saber "bien trovar" para acercarse a prolongar, o "ejecutar" sus capítulos, sino de "bien leer", privilegio de minorías.»[5]

El recuerdo de la obra del Arcipreste de Hita no es extemporáneo, ya que allí aparece una muy aguda caracterización del libro como instrumento musical:

> *De todos estrumentos yo, libro, só pariente:*
> *Bien ó mal, qual puntares, tal dirá çiertamente;*

3. Cito a través de N. CORMEAU, ob. cit., p. 92.
4. JUAN LOVELUCK, *Crisis y renovación de la novela de Hispanoamérica,* en *Coloquio sobre la novela hispanoamericana,* Fondo de Cultura Económica, México, 1967, p. 129.
5. Ibíd.

Qual tu dezir quesieres, y faz punto é tente:
Sy puntarme sopieres, siempre me avrás en miente.

Es obvio que no sólo el *Libro de Buen Amor* o *Rayuela* «suenan distintos» según el talante de cada uno de sus lectores. Con cualquier gran libro suele suceder esto, y en tal sentido no deja de ser elocuente el tan traído y llevado dicho acerca de cómo el *Quijote* cervantino hizo reír, sonreír o meditar gravemente a los lectores de distintas épocas. Que cada lector lee (tañe) «su» *Quijote* lo demuestra, en grado superlativo, el caso de Unamuno, autor de la *Vida de Don Quijote y Sancho*. En esta obra tenemos el sonido que Unamuno sacó de la cervantina; es decir, su interpretación, su «ejecución».

2. SINFONÍA, SUITE, TEMA CON VARIACIONES, FUGA Y CONTRAPUNTO

Pero esta del libro-instrumento —aunque atractiva— es otra historia, a la que sólo cabe saludar al paso y antes de seguir con el análisis de las estructuras musicales en la novela; o si se quiere, de las metáforas, de las comparaciones literario-musicales. Entre ellas una de las más usuales es la de la *sinfonía*, como estructura musical fácilmente allegable a la de la novela. A los ejemplos hasta ahora citados cabría agregar otros muchos, como el de *Bajo el volcán* de Malcolm Lowry. En su epistolario ha considerado el autor cómo su novela fue, en 1941, rechazada por doce editores. Entonces Lowry decidió revelar la arquitectura secreta de la obra: Consta de doce capítulos, porque el número doce tenía para Lowry una significación universal: [6] trabajos de Hércules, horas del día, meses

6.   En páginas anteriores he aludido a los ecos que en *Bajo el volcán* se perciben de *La Divina Comedia*. Resulta entonces fácil relacionar el simbolis-

del año, campanadas de medianoche, etc. «Se puede leer el libro como una simple historia, o se pueden saltar páginas, si se desea. Se puede leer como una historia mucho más profunda si no se salta nada. Se le puede tomar por una especie de sinfonía, o de ópera, o incluso de "ópera-western"; es jazz, poesía, canción, tragedia, comedia, farsa, etc.»[7] Las referencias musicales son tan abundantes como significativas en esta —sin embargo— tan «literaria» caracterización de la novela.

Con una sinfonía ha sido comparado, asimismo, el conjunto de las cuatro novelas de Lawrence Durrell que se conocen con el nombre —musical, también— de *Cuarteto de Alejandría*: «Tomando la analogía de la música —dice Frederick R. Karl— polifónicamente las tres primeras novelas son temas desarrollados dentro de una gran sinfonía, en la cual la cuarta novela actúa como prolija recapitulación».[8]

En la actual novelística alemana cabría recordar la estructura de *suite* musical clásica que posee *Niembsch* de Peter Härtling, inspirada en el *Don Juan* de Lenau, y dividida en una serie de movimientos que reproducen los de una suite musical a la manera de Bach o Telemann: preludio, rondeau, gigue, mènuet-gavote, allemande, bourrée, sarabande, etc. Cada una de estas danzas, con el *tempo*, ritmo y tono que respectivamente comportan, engendra un capítulo del libro y constituye un episodio completo en sí mismo, que posee su significación y carácter.[9]

Otra forma musical de muy nítido diseño, transportada fre-

mo numérico de Lowry con el de Dante, cuyo gran poema aparece presidido por el número tres —tres partes, tres significaciones, uso del terceto, etc.—, en homenaje a la Santísima Trinidad.

7.   Cito a través de la reseña del epistolario de Lowry hecha por MAURICE CHAPELAN en «Le Figaro Littéraire», n.° 1263, agosto, 1968.

8.   FREDERICK R. KARL, *La novela inglesa contemporánea*, trad. de Rosario Berdagué, Lumen, Barcelona, 1968, p. 65.

9.   Vid. reseña de la obra por MARCEL SCHNEIDER en «Les Nouvelles Littéraires», n.° 2050, diciembre, 1966.

cuentemente a una clave narrativa, es la del *tema con variaciones*. Ya Huxley en *Point counter Point*, aludía a su deseo de conseguir en la novela un juego estructural semejante al que, en música, suponen las variaciones beethovenianas sobre un tema de Diabelli.

Quizás uno de los más claros ejemplos que conozco de novela construida en forma de variaciones sea *El bosque que llora* de Vicki Baum. El tema es aquí el caucho, al que se refieren todas las distintas historias agrupadas en el volumen, acaecidas en distintos tiempos y lugares. Lo que ocurre es que una obra así construida deja realmente de ser una novela para convertirse en un conjunto de cuentos con pie forzado temático, a la manera de la espléndida obra del narrador argentino Manuel Mujica Laínez, *Misteriosa Buenos Aires*, en la que todos los breves relatos tienen como fondo la capital argentina a lo largo de su historia. En cierto modo, las «jornadas» del *Decamerón* en las que se imponía a los narradores la sujeción a un tema prefijado por la «reina» o el «rey» de turno, se relacionan con la estructura del tema y variaciones.

En las modernas novelas de tipo unanimista es fácil, también, percibir estructuras de esta clase. Así, en *Cuando alguien muere* de Jules Romains, el tema sería el de la muerte de un determinado individuo; y las variaciones, los ecos, recuerdos, comentarios, impresiones, que ese suceso provoca entre sus amigos, sus vecinos, las gentes que presencian el entierro, hasta que suena el último acorde, se desvanecen las notas de la variación final y, definitivamente, el personaje evocado entra en el gran silencio de la muerte.

La estructura caracterizada por las *variaciones* se relaciona, a veces, con la que más adelante estudiaremos de los «puntos de vista». Ocurre entonces que un mismo tema se modula y configura de modo distinto —*variación*— según el diferente «punto de vista» de cada personaje. Algo de esto ocurre con el ya citado conjunto de novelas de Durrell, *Cuarteto de Alejandría*. Cuatro relatos abarcadores de un mismo tema y de unos mismos personajes, configurados como otras tantas *variaciones*. Ya, en nuestras letras, anticipó algo de esto Benito Pérez Galdós con sus dos novelas *La incógnita* (1888) y *Realidad* (1889). Sabido es que en la primera —de estructura epistolar— se ofrece al lector una versión un tanto problemática o misteriosa de las circunstancias que han concurrido en la muerte de Federico Viera: ¿crimen o suicidio? La respuesta vendrá dada por la repetición de esa misma historia, contada ahora en forma objetivada merced al procedimiento dialogado, en *Realidad*. Algo de esto —dos versiones de unos mismos hechos, dos puntos de vista, dos *variaciones* de un tema— se da en las novelas complementarias de Francisco Ayala, *Muertes de perro* y *El fondo del vaso*.[9bis]

Para el estructuralismo de nuestros días tiene un gran interés este diseño: el de las *variaciones*; utilizado por Lévi-Strauss en sus *Mythologiques*. Como Auzias señala, allí «se estudian las diversas "variaciones" del mito desde un punto de

---

9 bis.   Una interesante modalidad de «novelas complementarias» ha sido estudiada por HÉLÈNE BAPTISTE a propósito de *El túnel* y *Sobre héroes y tumbas* de Ernesto Sábato: «Muchos años después de publicar *El túnel*, Sábato publica *Sobre héroes y tumbas*, y entre ambas narraciones existe un vínculo, pero no según el procedimiento de Balzac y de Proust, de reaparición de los personajes, sino de una manera novedosa: se vuelve a hablar de un personaje anterior, pero no es el autor quien lo hace sino otro de sus personajes. En el Informe sobre Ciegos, Fernando Vidal se refiere a Juan Pablo Castel, protagonista de la novela anterior, y echa luz sobre *El túnel* según sus convicciones, que no son las del lector [...]. Fuerza es reconocer que examinar el crimen de un neurópata de una novela desde la perspectiva de un paranoico de otra es una idea genial que da a la obra de Sábato una vertiginosa profundidad [...]. El lector, frente a esta construcción "en abismo" que puede retroceder hasta el infinito, es presa de vértigo, y la realidad se vuelve inestable. No sólo los personajes son nudos de relaciones dentro de una misma novela sino que, más aún, los personajes de una novela anterior se corresponden con los de ésta, dando a la obra una abismal profundidad». (En *Los personajes de Sábato*, introducción y selección de HELMY F. GIACOMAN, Emecé, Buenos Aires, 1972, pp. 169-170.)

vista musical; el mito de referencia proporciona el tema, del que los restantes no son sino "variaciones". Es evidente que este punto de vista no puede pretender asimilarse en el plano técnico a un procedimiento musical».

«Aunque las variaciones mitológicas no tengan el rigor de las variaciones de Goldberg o de una pieza de Bach, existe la tentación de afirmarlo.»[10]

Se explica, entonces, que la crítica literaria calificable de «estructuralista» venga prestando gran atención a ese dispositivo: el de las variaciones; tal y como Roland Barthes lo ha estudiado en el *Mobile* de Butor. Pero en esta obra Barthes no percibe tema, y por lo tanto en ella «no hay variaciones, sino solamente variedad, y esta variedad es puramente combinatoria».[11]

Y al referirse a la estructura del signo, dice Barthes: «La imaginación formal (o paradigmática) implica una atención aguda a la *variación* de una serie de elementos recurrentes; se vinculará pues a ese tipo de imaginación el sueño y los relatos oníricos, las obras fuertemente temáticas y aquellas cuya estética implica el juego de ciertas conmutaciones (las novelas de Robbe-Grillet, por ejemplo). La imaginación funcional (o sintagmática) alimenta finalmente todas las obras cuya fabricación, por ensamblaje de elementos discontinuos y móviles, constituye el espectáculo mismo: la poesía, el teatro épico, la música serial y las composiciones estructurales, de Mondrian a Butor».[12]

Observaciones semejantes sobre el arte literario de Butor

10. Jean-Marie Auzias, *El estructuralismo*, trad. de Santiago González Noriega, Alianza Editorial, Madrid, 1969, p. 98.
11. R. Barthes, ob. cit., p. 221. Con referencia a *El hombre sin cualidades* de Robert Musil ha dicho G. Blöcker: «cuando su autor utiliza la narración como pura teoría combinatoria, como el arte de las variaciones constructivas, alcanza el ámbito de lo infinitesimal». (Ob. cit., p. 308.)
12. Ibíd., p. 253.

—tal y como se da, sobre todo, en *Mobile*— han sido formuladas por Michel Beaujour: «Los últimos libros de Butor no son unívocos; pueden leerse a diversos niveles y en varios sentidos, pero correspondencias muy estrechas permiten una circulación del ojo y del espíritu entre los diversos estratos, mientras que la composición del conjunto, con sus retrocesos, sus modulaciones y sus acordes recuerda más bien una partitura sinfónica o un juego complejo que una novela funcional».[13]

La búsqueda de estructuras musicales en las creaciones literarias de Butor parece quedar justificada por lo que el propio autor escribió en una ocasión: «Música y novela se explican mutuamente. La crítica de una no puede dejar de adoptar una parte del vocabulario de la otra. Lo que hasta ahora era empírico debe sencillamente convertirse en algo metódico. Así es como los músicos sacarán grandes ventajas de leer novelas; y cada vez será más necesario a los novelistas tener nociones de música. Por otra parte, todos los grandes novelistas lo habían, al menos, presentido».[14]

(Recuérdese lo ya dicho sobre Conrad y Huxley. A la vista de lo ahora apuntado por Butor, cabría creer que el proceso de «musicalization of fiction» no ha hecho más que comenzar.)

Aún podríamos citar en la actual novelística española, y dentro de la estructura musical a que nos venimos refiriendo, las *Cinco variaciones* de Antonio Martínez-Menchen.

Con la forma de la *variación* se relaciona, musicalmente, la de la *fuga*. A este respecto cabría señalar cómo con referencia al antes citado *Cuarteto de Alejandría* de Durrell, se ha hablado de estructura «fugada».

Conocido es, asimismo, el *contrapunto* musical empleado por Huxley en la novela de tal título —*Point counter Point*—

13. M. BEAUJOUR, *La novela de la novela*, en *La nueva novela europea*, ed. cit., p. 94.
14. M. BUTOR, *Sobre Literatura*, II, ed. cit., p. 51.

con la presencia de distintas fragmentadas historias que se van entrecruzando y sucediendo de acuerdo con tal disposición musical. Para Ralph Freedman el *Ulysses* de Joyce también «is built on an obvious counterpoint».[15]

3. EL «LEITMOTIV» COMO ELEMENTO ESTRUCTURADOR

Una estructura bellamente musical, entre fugada y contrapuntística, con el empleo de recurrencias y «leitmotivs», es la utilizada por Vintila Horia en *Una mujer para el Apocalipsis*. Aquí hay una mezcla —contrapunteada— de varias historias desarrolladas en distintas épocas, y que suponen otras tantas *variaciones* de un mismo tema, de una misma o muy semejante situación.

Una de las historias —de amor, de violencia, de guerra— transcurre en el siglo XIII en Consuegra, en la época de la Reconquista; otra historia signada por los mismos rasgos, variante de la anterior (es decir, casi la misma historia situada en otro tiempo) transcurre en El Escorial durante la guerra

---

15. Vid. MURRAY, ob. cit., p. 68. Sobre la estructura musical del *Ulysses* dice G. BLÖCKER: «Las analogías musicales, en el caso de este autor, suelen dar en el blanco. Ezra Pound señala la forma de sonata de *Ulysses*, Stuart Gilbert aplica al ya mencionado pasaje de la calle el apelativo *fuga per canonem*» (ob. cit., p. 77). También UMBERTO Eco considera que la estructura de *Ulysses* es la propia de una sonata clásica de tres movimientos: «tres partes, la primera y la tercera de tres capítulos cada una, la primera introduciendo y desarrollando el tema de Stephen, la segunda introduciendo el tema de Bloom y llevándolo sucesivamente a entretejerse mediante el fondo polifónico, con el tema de Stephen, la tercera llevando a su fin los dos temas y uniéndolo por último en el epílogo sinfónico de Molly, bien ha podido parangonarse, en su estructura, con una forma de sonata». Y también: «El capítulo once, el de las Sirenas, con su estructura por analogías musicales, con el recurso de los temas narrativos y de los timbres sonoros, nos da una imagen contracta de la más amplia que reina en todo el volumen». (U. Eco, *Obra abierta*, Seix Barral, Barcelona, 1963, p. 276.)

española del 36; la tercera historia transcurre en un siglo futuro, y tiene como escenario la Tierra desierta. Tres parejas que vienen a ser una misma, viven una repetida historia de amor en esos tres entremezclados relatos.

El «leitmotiv» es uno de los procedimientos más utilizados en orden a conseguir una estructura novelesca aproximable a la musical. Ya hemos recordado el caso de Proust, con la frase de Vinteuil. A este ejemplo y al recién citado de Vintila Horia —en *Una mujer para el Apocalipsis* funcionan como «leitmotivs» enmarcadores y sostenedores del tema a través de sus varias modulaciones en el tiempo y en el espacio, elementos tales como el fuego y el olor de tomillo—; a los ejemplos citados, repito, cabría agregar el de *Las olas* de Virginia Woolf. Su estructura —analizada por N. Cormeau— es la de una alternativa sucesión de discursos o de monólogos interiores minuciosamente dirigidos y pacientemente cargados de símbolos poéticos. Cada personaje posee temas propios, metáforas personales que —volviendo periódicamente como «leitmotivs»— actúan de rasgos identificadores.[16]

Precisamente es ésta —una función identificadora— la más normalmente asignada al «leitmotiv». Con su uso —gestos, frases, que se repiten una y otra vez— puede quedar adecuadamente caracterizado un personaje novelesco, dotado de algún «tic» o manía.

Así, una de las más populares figuras de *David Copperfield*, la criada o aya del muchacho, Peggotty, tiene como marco o «leitmotiv» definidor unos determinados objetos que, por primera vez y pormenorizadamente descritos, aparecen en el capítulo II: un libro con relatos de cocodrilos, un «trocito de vela que tenía para enhebrar», «una casita de techo de bálago, dentro de la cual vivía la medida que servía de vara», una

---

16. N. CORMEAU, ob. cit., p. 111.

«caja de labores de tapa corrediza, en la que estaba pintada una vista de la catedral de San Pablo», y «un dedal de cartón». Tales objetos componen el marco, el motivo definidor de Peggotty, según lo revela su repetida aparición a lo largo de la novela. Peggotty se nos presenta siempre acompañada de esas cosas que parecen prolongación suya, parte inseparable de su ser. Unos objetos que simbolizan la inalterabilidad del hogar, de los quehaceres domésticos, la continuidad de la vida familiar, todo un conjunto de cosas muy queridas de Dickens, muy tiernamente victorianas. Por eso, en el último capítulo de la extensa novela se lee: «Siempre con ella [la tía de David] se presenta Peggotty, mi vieja y buena niñera, también con gafas; acostumbra hacer las labores de aguja por la noche, acercándose mucho a la lámpara, pero sin olvidar jamás el trozo de vela, la vara de medir guardada en una pequeña casita y la caja de costura con la reproducción de San Pablo en la tapa [...]. Dentro del bolsillo de Peggotty hay algo que abulta. Ese algo es el *Libro de los cocodrilos* nada menos, bastante estropeado ya, con algunas de sus hojas desgarradas y recosidas, pero que Peggotty muestra a los niños como reliquia preciosa».

La repetida aparición de estos objetos en diferentes momentos de la novela, tiene un encanto casi musical: el de un breve pero muy nítido tema en una larga sinfonía, una de esas delicadas frases que, al aparecer a intervalos, fácilmente reconocibles, adentran en la intimidad de la obra al oyente.

En *Santuario* aparece un personaje en cuya caracterización empleó también Faulkner el recurso de la insistencia en el detalle: en este caso, el pitillo del «gangster» Popeye. Ya desde el capítulo I cabe observar cómo la descripción de Popeye está montada sobre un aspecto significativo; su manera de fumar:

«Vio, a través del manantial, de cara a él, un hombre de

pequeña estatura, con las manos en los bolsillos de la chaqueta y un cigarrillo en la boca, sesgado, que partía de su barbilla.»

Tras este primer toque descriptivo, a lo largo de todo el capítulo I se insiste en la manera de fumar del personaje: «Del cigarrillo de Popeye partía, enroscándose a través de su cara, una tenue pluma de humo; un lado de su cara se contraía al contacto del humo como una máscara tallada en dos expresiones simultáneas». Se describe asimismo en ese primer capítulo cómo Popeye prepara sus pitillos: «Tomó un cigarrillo, le hizo boquilla, lo restregó entre los dedos, se lo puso en la boca y encendió un fósforo con la uña del pulgar».

Estos dos «tics», el sacar un pitillo y la manera de fumarlo, se repiten en *Santuario* con una insistencia calificable casi de trágica, dado el papel de Popeye en el relato, y teniendo en cuenta la tremenda tensión y repugnancia que produce en los demás su presencia, enmarcada por el humo de su cigarrillo. Las insistentes alusiones del narrador a todo eso, a la manera de sacar y fumar Popeye sus cigarrillos, tensan, como baches de dramático silencio, la acción del relato. Los pitillos adquieren una enfática entonación, acentúan pausas y tensiones, matizan los gestos de Popeye y la violencia de las situaciones.

Cuando el «gangster» es condenado a muerte, los pitillos fumados, los gestos al sacarlos, encenderlos y aspirar su humo, siguen apareciendo con obsesiva reiteración. Popeye permanece fumando (y Faulkner no perdona ningún toque descriptivo enderezado a hacérnoslo ver) hasta la hora de su ejecución.

Desde la aparición de Popeye, en el primer capítulo de *Santuario*, hasta su final en la horca, tras esa espera de la muerte marcada por los pitillos, éstos han compuesto en la novela el marco de una repulsiva figura, expresando toda su fría crueldad, su sadismo, su degeneración. Expresándolo con el solo énfasis de su insistente presencia, atrayendo la atención del lector hacia el humo, la cerilla, la llama; es decir, lo no humano. De Popeye —como de casi todos los personajes de *Santuario*— no se ofrecen sentimientos, ideas; sino esencialmente actitudes, y entre éstas, la muy repetida de su manera de fumar.

Obsérvese también, en la misma novela, el significado expresivo del sombrero de Temple durante las escenas que preceden a la de su violación. Hay una insistencia tal en aludir a la postura inverosímil, a la oblicuidad del sombrero femenino sobre la cabeza de la muchacha, que casi hace de ese objeto un símbolo, al concentrarse en él toda una serie de imágenes de caída, suciedad, torpeza, desorden: «Hocicando al niño, Temple se había empujado el sombrero hacia la parte posterior de la cabeza en un ángulo precario y disoluto sobre sus bucles coagulados»; «el sombrero echado hacia atrás en lo alto de la cabeza, formando aquel ángulo desorbitado»; «el sombrero echado hacia atrás, encaramado en lo alto de la cabeza»; «el sombrero inclinado sobre la parte posterior de su cabeza».

Ese sombrero, siempre a punto de caer y sin caer nunca, marca toda la insoportable tensión de un conjunto de escenas que desembocan en la (escamoteada, dada alusivamente) de la violación. Que el sombrero de Temple expresa algo, que actúa de intencionado «leitmotiv», de dramático símbolo, lo revela el que tras el episodio de la violación, cuando se describe de nuevo, capítulos adelante, a Temple en el coche junto a Popeye, se insiste en ese detalle de su atuendo: «llevaba el sombrero encajado en la coronilla; el pelo se le escapaba por debajo del ala arrugada, en bucles desgreñados».

Ese sombrerito siempre torcido, a punto de caer, más que expresar algo de Temple, alude a otras personas, a otros hechos. Su inestabilidad, su fragilidad grotesca, están cargadas de vibraciones emocionales. No son sólo los temores de la joven los que tiemblan tras la postura del sombrerito; sino que es todo el mundo pasional que a su alrededor se mueve, el que parece presionar, actuar sobre la débil prenda femenina, símbolo de desamparo y de caída.

El pitillo de Popeye expresa a éste y nos da el impacto de su presencia —repulsiva, aterrorizante— en otros personajes. El sombrero de Temple expresa, sobre todo, el mundo tremendo que se agita, pasionalmente, en torno a la joven. Así como el humo sesgado del cigarrillo de Popeye vela su rostro y alude a la oblicuidad de su escondido, huidizo carácter; el sesgado sombrero de Temple desnuda su tragedia, revela la presión de un contorno hecho de lascivia y violencia.[17]

La recurrencia, la reiteración de algún motivo puede, pues, subrayar una obsesión. Es lo que, según Bruce Morrissette, ocurre con algunos objetos de los que aparecen en las novelas de Robbe-Grillet, «si no obsesivos, al menos suficientemente repetidos como para inducir a sentidos (pues lo que se repite se supone que sigifica). La goma (de *Les Gommes*), el cordelillo (de *Le Voyeur*), el ciempiés (de *La Jalousie*), estos objetos, repetidos, variados a lo largo de la novela, remiten todos a un acto, criminal o sexual; [...] de este modo el objeto se convierte en un elemento contrapuntístico de la obra».[18]

Como quiera que sea, la presencia en no pocas novelas de tales «leitmotivs» —con sus distintas significaciones e intenciones— confiere a las mismas un algo de musical en sus estructuras, más o menos acentuado, según los casos. En el de Proust al ser el «leitmotiv» estrictamente musical —la frase de Vinteuil—, el efecto es más intenso que en aquellos otros en que, por ejemplo, el recurso queda identificado con el «tic» de algún personaje.

---

17. Sobre este punto, el del «tic» o detalle caracterizador, vid. los caps. XIII, XIV y XV de mi libro, *La novela naturalista española: Emilia Pardo Bazán*, Universidad de Murcia, 1955. Los ejemplos transcritos de Dickens y de Faulkner proceden de esas páginas.
18. Vid. BARTHES, ob. cit., p. 242.

4. PARTITURA MUSICAL Y ESTRUCTURA NOVELESCA

El problema de la estructuración musical de una novela es algo que atañe no sólo al *ritmo* de la misma, a lo que tiene de «arte de tiempo libre» (como Thibaudet quería), sino también a su dimensión espacial. Un novelista a quien acabamos de ver muy interesado por la aproximación de música y de novela, Michel Butor, ha podido decir en un artículo, *L'espace du roman*: «El músico proyecta su composición en el espacio cuando escribe sobre el papel pautado, la horizontal determina entonces el curso del "tempo", la vertical, la intervención de los diferentes instrumentos. De la misma manera el novelista puede disponer diferentes historias individuales en un sólido dividido también en pisos, por ejemplo, un inmueble parisién; las relaciones verticales entre los diferentes objetos o acontecimientos podrían así quedar tan ajustadas, tan expresivas como las existentes, en una partitura, entre la flauta y el violín».[19]

En cierto modo, una composición de este tipo —con esas activas relaciones entre el plano horizontal del tiempo y el vertical de las simultaneidades— es la que cabe encontrar en algunas novelas de corte simultaneísta o unanimista, como *El aplazamiento* de Jean-Paul Sartre.

Una verticalidad incluso tipográfica, con la doble columna narrativa en una misma página, es la que se encuentra en *El curandero de su honra*. Ramón Pérez de Ayala debió pensar algo semejante a lo que hemos visto expresado en Butor, y lo resolvió con indudable ingenio, en esas páginas de su novela en las que se describe a doble columna el fluir de la vida de

19. M. BUTOR, *L'espace du roman*, en «Les Nouvelles Littéraires», n.° 1753, abril, 1961.

Tigre Juan a la izquierda, y a la derecha el fluir de la vida de Herminia. El lector de esas páginas puede optar entre dos formas de lectura, la normal y seguida de cada uno de los «fluires» por separado, es decir, primero el de Tigre Juan, y luego el de Herminia; o bien ir alternando (por incómodo que quizá pueda resultarle) la lectura del uno con la del otro, página tras página. Así, en cierto modo y en virtud de esa alternancia, se habría conseguido una lectura horizontal-vertical; la deseada por Pérez de Ayala, al carear unos momentos significativos de las dos vidas antes unidas y ahora separadas. Son dos melodías que no deberían escucharse (leerse) por separado; como no pueden oírse por separado los dos temas que, por ejemplo, se combinan en la estructura musical de un «canon» o de una «fuga». (Recuérdese, por ejemplo, la fuga, el efecto final de las conocidas *Variaciones sobre un tema de Purcell*, de Benjamin Britten.) Para que el efecto estético pueda producirse con plena eficacia es necesaria su combinación. O dicho de otro modo, son los dos solistas de una sonata —pianista y violinista— tocando conjuntamente en aquellos pasajes en que así lo indica la partitura. Téngase en cuenta lo dicho por Butor sobre la línea vertical de la flauta y el violín en el papel pautado, y se comprenderá cuál fue el efecto perseguido por Pérez de Ayala. Paradójicamente y como consecuencia de nuestro modo occidental de lectura, la línea vertical en *El curandero de su honra* corresponde al plano horizontal de la partitura; y la horizontal (la resultante de la lectura alternativa por no poder hacerse simultánea) determinada por cada página de doble columna, correspondería a la vertical del papel pautado.

Recuérdese asimismo lo antes apuntado a propósito de las cuatro novelas de Durrell que integran el *Cuarteto de Alejandría*. Entendido este título en su acepción estrictamente musical, habría que considerar cada novela (*Justine, Balthazar,*

Mountolive, Cléa) como la partitura correspondiente a cada uno de los cuatro solistas componentes de una agrupación de cámara, de un cuarteto. De ahí que el propio Durrell dijese de su conjunto narrativo: «Pues bien: esta novela es una danza cuatridimensional, un poema de la relatividad. Por supuesto que, idealmente, habría que leer simultáneamente los cuatro volúmenes, como digo en mi nota al final, pero, como no tenemos lentes cuatridimensionales, el lector se verá obligado a hacerlo imaginativamente, adicionando el tiempo a las otras tres partes restantes, y reteniendo el conjunto en la cabeza».[20]

La pretensión de Pérez de Ayala fue más modesta y ceñida a unas pocas páginas de una novela. De ahí que el esfuerzo retentivo de que, con cierta ironía, habla Durrell, sea en buena parte hacedero en *El curandero de su honra*.

20. Cito a través de FREDERICK R. KARL, *La novela inglesa contemporánea*, p. 65.

EL «CAPÍTULO» EN LA ESTRUCTURA NOVELESCA

1. FINALES DE CAPÍTULOS. INMOVILIZACIÓN DE ACCIONES

Con referencia a la estructura novelesca calificable de musical, habría también que decir algo de la importancia que en tal sentido puede tener el capítulo. A nadie se le oculta que éste es un elemento, un componente decisivo en la organización de cualquier novela. Precisamente, en las recién citadas obras de Pérez de Ayala, *Tigre Juan* y *El curandero de su honra*, la disposición y titulación de sus capítulos se ajusta a una bien explícita denominación musical, por lo cual los distintos momentos de la obra quedan equiparados a otros tantos movimientos de una sinfonía.

Pero incluso fuera de un caso como éste, cabe observar en no pocas novelas (sobre todo en las de corte más bien tradicional), que los finales de la mayor parte de sus capítulos comportan una *sui generis* cadencia, una ostensible condición de acorde cerrador de un pasaje o movimiento, que debe quedar bien diferenciado del que va a seguir, justamente a través de esa concluyente sonoridad.[1]

1. Vid. sobre este punto el estudio de PHILIP STERICK, *Fictional Chapters and Open Ends*, incluido en la obra de Murray, pp. 237 y ss.

En un escritor de prosa tan sencilla y antiefectista como Azorín, cabe encontrar no pocos finales de capítulos caracterizados por esa musical impresión de cadencia, de cierre. Por ejemplo, gusta Azorín con frecuencia del endecasílabo, y en su prosa aparece bastantes veces este metro, sobre todo el de tipo italiano, acentuado en sexta sílaba. El valor sonoro de los endecasílabos en la prosa azoriniana se percibe esencialmente en la predilección del autor por servirse de ellos para cerrar períodos, capítulos e incluso obras enteras. Los endecasílabos suscitan entonces sensaciones de lentitud, de apagamiento, de lejanía; sensaciones adecuadas a cierta clase de finales que parecen necesitar de un último acorde, lento y diluido. Véase por ejemplo el final del capítulo V de *La Voluntad*:

«¡Y me dan ganas de llorar, de no ser nada, de disgregarme en la materia, de ser el agua que corre, el viento que pasa, *el humo que se pierde en el azul!*»[2]

Y, por supuesto, junto a las peculiaridades sonoras de cierre que presentan no pocos finales de capítulos, habría que recordar las no menos brillantes, en ciertos casos, de apertura. Bastantes capítulos del *Quijote* podrían servir de ejemplo, o el tan conocido, por lo abrupto y hasta lo gritón, con que se abre el *Persiles*.

Hay, en muchas novelas, finales y comienzos de capítulos que se encabalgan, pero también sucede que, en ocasiones, entre la línea final de un capítulo y la primera del que vendría a ser su continuación, median otros capítulos, o bien algún paréntesis, que dan como resultado un efecto de ruptura, de suspensión, de inmovilización burlesca; tal y como ocurre en el capítulo VIII de la primera parte del *Quijote*, cuando el hidalgo queda luchando con el vizcaíno, las espadas en alto; o bien en aquel del *Tristram Shandy* (de filiación cervantina) en que

---

2.   Sobre este aspecto vid. mi estudio *Elementos rítmicos en la prosa de Azorín*, incluido en *Prosistas españoles contemporáneos*, pp. 253 y ss.

un personaje queda llamando a una puerta, sin que la acción se reanude hasta bastantes páginas adelante, cuando al cabo de varios capítulos, se le permite al fin entrar.

Es como si en la proyección de una película, se parase el proyector, y sobre la pantalla quedara un fotograma fijo, inmovilizador de gestos y actitudes. Con ello se da —así en el *Quijote* y en el *Tristram Shandy* —una cierta calidad de estampa, una cierta condición de quietos muñecos a los antes animados personajes novelescos. De ahí la utilización de este recurso en contextos humorísticos o satíricos.

2. RITMO NARRATIVO: EXTENSIÓN DE LOS CAPÍTULOS

De la extensión o brevedad de los capítulos dependen ciertos efectos estructurales. El caso del *Lazarillo de Tormes* —muy discutido en cuanto a su composición tan asimétrica e irregular— presenta cierto interés. Consta, como es bien sabido, de siete capítulos o *tratados*; de los cuales sólo los tres primeros —dedicados al ciego, al clérigo de Maqueda y al escudero— presentan cierta extensión, en contraste con los cuatro últimos, mucho más breves, y alguno como el del fraile de la Merced —el cuarto—, formado por sólo cinco o seis líneas. Tan irregular disposición ha hecho pensar a algunos críticos que, con excepción de esos tres primeros extensos *tratados*, los restantes eran sólo esquemas o esbozos que el autor pensaba desarrollar luego más ampliamente. Habría que señalar, a este respecto, que en el siglo XVI no es el *Lazarillo* la única novela española caracterizada por la estructura asimétrica, ya que, en otro plano, algo parecido cabe percibir, por ejemplo, en *La Diana* de Jorge de Montemayor.

Podríamos comparar la estructura del *Lazarillo* con la de

una de esas composiciones musicales —por ejemplo, algunas oberturas rossinianas— en las que tras una primera parte lenta y pausada, sobreviene luego una agitación rítmica capaz de desembocar en un frenético *crescendo* final. No quiero decir que tal sea exactamente la estructura del *Lazarillo*, ya que el capítulo o *tratado* más breve es el que ocupa una posición medial —el cuarto—, sino tan sólo sugerir que el sarcástico hacerse de Lázaro con una buena posición, hasta creerse encaramado en la «cumbre de toda buena fortuna», se produce con unos trazos rápidos, contrastantes con los lentos inicios del relato, cuando Lázaro describe su infortunada existencia al lado de sus tres primeros amos. La desgracia nos es ofrecida con lentitud, con morosidad; al revés que la fortuna, caracterizada por un *vivace* estructural.

3. La titulación de los capítulos

Aparte de los efectos más o menos rítmicos, musicales, que la brevedad, extensión o, simplemente, disposición de los capítulos puedan comportar, su estudio nos permitiría establecer alguna consecuencia interesante, referida, por ejemplo, a la comparación entre —digamos— novelas antiguas y modernas. Pues, salvo excepciones, creo que en las vagamente calificables de «antiguas» o, mejor aún, de clásicas y tradicionales, no suelen faltar nunca los capítulos, considerados tan importantes que incluso llevan ordinariamente títulos bastante largos, y hasta citas literarias a su frente. Tal costumbre, muy del gusto romántico, es la que mueve a Larra —muy walterscottianamente— a poner versos de romances al frente de los no titulados capítulos de *El doncel de Don Enrique el Doliente*.

El folletinismo del XIX gustó, asimismo, de las muy expresivas y tremebundas titulaciones de capítulos. A veces se amontonaban los epígrafes, se alargaban las cabeceras, en el deseo de abarcar con unos cuantos rotundos títulos, la crepitante materia argumental por ellos anunciada.

Tal costumbre ha decaído bastante, y me parece que no han de ser muchas las novelas modernas por ella caracterizables. En algunos casos los títulos de capítulos tienen un deliberado regusto arcaico —tal sería el caso del *Nuevo Lazarillo* de Cela—, o bien una compleja tonalidad irónica —según ocurre en *El hombre sin cualidades* de Robert Musil.

La desaparición de los títulos encabezadores de capítulos no deja de resultar significativa, estructuralmente considerada. Se diría que en novelas de corte tradicional, con unas claras divisiones en partes, libros y capítulos (a la manera de Fielding, de Dickens, de Galdós) y con una también muy clara titulación de todos esos componentes, interesaba destacar esa bien organizada tabicación interior, por virtud de la cual la materia narrativa quedaba pulcramente organizada en una serie de compartimientos fácilmente aprehensibles por el lector, marcadores de un ritmo, de una progresión; facilitadores incluso de un ritmo de lectura, por cuanto lo esperable sería, en un lector normal, que suspendiese aquélla no a medias de un capítulo, sino en las pausas concedidas entre capítulo y capítulo, entre libro y libro, entre las distintas partes. Los puntos de reposo quedan así nítidamente apuntados, y su muy ostensible presencia contribuiría a hacer de esas novelas clásicas, organizaciones muy sólidamente estructuradas, hechas de tensiones y de treguas, de un caminar más o menos alargable según el gusto del lector, pero acotado siempre por la señalización de los adecuados descansos. Se comprende que tal disposición resultara la más apropiada para esas largas novelas de filiación lejanamente épica y caracterizadas, consecuentemente, por su estructura episódica. Se comprende asimismo que en unos relatos así organizados, junto a los puntos de descanso fuera frecuente ofrecer unos *intermezzos* que equivalían a una momentánea detención de la trama novelesca, para, durante ella, divertir al lector —«divertir» en el más etimológico sentido de desviar: separar aquí al lector de la atención que en él venía suscitando el desarrollo de un argumento— con algún relato incrustado en la misma, pero ajeno a ella, y sin otra relación estructural, frecuentemente, que el haber sido puesto en boca de algún personaje. Me refiero a la ya citada estructura de novelas episódicas, con cuentos alojados en su interior, tal y como aparecen en el *Pickwick*.

Novelas como la que acabo de citar de Dickens, entre otras de parecido pergeño en el siglo XIX, presentaban tal estructura, porque de hecho no fueron compuestas de una vez, ni entregadas inicialmente al público lector en forma de volumen completo. Sabido es que tales novelas fueron publicadas originariamente en forma de entregas periódicas. Con tal disposición, esas treguas o descansos en la lectura de que antes hablábamos, no eran ya voluntarios, sino obligatorios. Elizabeth Gaskell, contemporánea de Dickens, nos ha descrito con cierto humorismo en *Cranford,* la ansiedad con que, por algunos apasionados lectores, eran esperadas las entregas del *Pickwick*. Conocida es asimismo la anécdota de cómo, según se iba acercando *Almacén de antigüedades* a su desenlace, Dickens comenzó a recibir cartas de sus lectores interesándose por la suerte de Nelly y pidiéndole al autor que no la dejara morir. Hechos como éste o aquel otro de cómo creció el número de compradores y de suscriptores de las entregas del *Pickwick*, desde que Dickens sacó a escena al divertido Samuel Weller, nos hablan de una relación autor-lector apenas concebible hoy. Y de esa relación, del cómo componían sus novelas algunos grandes narradores del XIX, depende, en cierto modo, la disposición, la estructura de las mismas.

4. EL CAPÍTULO EN LA NOVELA ACTUAL

Hoy son muchas las novelas que carecen de la ordenada compartimentación en capítulos que fue propia de las del siglo XIX. Bastantes novelas actuales se estructuran en forma de un solo capítulo y hasta de una sola frase, tal como ocurre en la novela polaca de Jerzy Andrezejewsky, *Las puertas del Paraíso*, sobre la llamada Cruzada infantil. En otra novela del mismo escritor, *Hélo aquí que viene saltando por las montañas*, encontramos una estructura que sin ser la de una sola frase, comporta algo así como un único *élan*. De hecho estas novelas, más bien breves, requieren ser leídas de una vez y sin treguas, no por las razones de interés argumental que suelen manejarse para ponderar las obras que se «leen de un tirón», sino más bien por estructurales exigencias rítmicas, hasta respiratorias, me atrevería a decir. Cuando una novela se configura así, está acercándose intencional, estructuralmente al cuento, género que postula, como exigencia estética, la de ser leído sin rupturas,[3] como sin tregua se lee un soneto. Quedará siempre la extensión narrativa, el número de páginas, por las que una novela podrá ser reconocida como tal, sin confundirse con el cuento.[4]

En el polo opuesto de la novela formada por un solo capítulo, parece encontrarse aquella otra en que los capítulos se dividen a su vez en subcapítulos —así en algunos relatos de Evelyn Waugh—, o bien en que todo el cuerpo narrativo es

3. Vid. mi libro *Qué es el cuento*, Columba, Buenos Aires, 1967.
4. Sobre la brevedad de bastantes novelas actuales véase lo apuntado por S. MARCUS en el cit. estudio recogido en la obra de Murray. Piensa Marcus que tal brevedad obedece a un deseo de despojar a la novela de cuanto le era ajeno, a un disciplinado esfuerzo de compresión. Las novelas de William Golding le parecen a Marcus muy significativas en tal aspecto, p. 274.

presentado, diríamos, como a ráfagas, constelación estructural de fragmentos breves y hasta brevísimos, como los integrados, por ejemplo, en *El cuarto de Jacob* de Virginia Woolf. Estamos ante un incesante vibrar de corpúsculos narrativos, ante una textura novelesca hecha no de largas pinceladas o de sostenidas líneas melódicas, sino de toques tan leves como aparentemente aislados, y que, sin embargo, al relacionarse entre sí componen la imagen total, de forma semejante a como la consigue la fragmentaria escritura plástica o musical del impresionismo pictórico o sinfónico.

La disolución del capítulo (bien por un proceso de ensanchamiento, de crecimiento, tal que un solo capítulo basta para una novela; bien por su excesivo troceamiento o atomización) es algo que, en no pocas novelas actuales, parece guardar relación con el rechazo de las sólidas y amplias formas novelescas del XIX. En cierto modo, casï podríamos considerar que las mutaciones experimentadas por este viejísimo elemento que es el capítulo, suponen la traducción, en lenguaje estructural, de otras profundas mutaciones que han ido teniendo lugar en la novela de nuestra época. Pues, evidentemente, es cosa muy distinta el pensar, concebir y realizar una novela fuera del tradicional cañamazo de los capítulos, que hacerlo contando con él como elemento organizador y hasta condicionador, determinador del proceso mismo de la creación. Entiéndase bien que al decir esto, no quiero insinuar que el novelista clásico *viera* su novela antes de escribirla, como reticulada ya por la distribución de los capítulos. Esto sería excesivo, pero quizá no lo sea pensar que cuando ese novelista se ponía a escribir, iba acompasando el desarrollo de su relato al que había de parecerle ritmo normal de un espaciamiento en capítulos, parciales apresadores de otros tantos parciales aspectos o momentos de la historia contada: la descripción de un lugar, la de un personaje, la de unos hechos (recuérdese, por ejemplo, el comienzo

¹· *Papá Goriot* de Balzac). Hasta podríamos pensar en ciertas determinaciones retóricas. La burla que Cervantes hace al frente del capítulo II del libro II del *Persiles*, al confesarnos que no sabía como iniciarlo, y que le dio «cuatro o cinco principios», nos sitúa frente a una concepción clásica del capítulo como algo necesitado de arranque solemne, o por lo menos biensonante. Sólo así se comprende el sentido irónico de esas frases cervantinas.

Quizá por razones semejantes un ingenio tan cáustico como, en el siglo XVIII, lo fue Lawrence Sterne, consiguió introducir el mayor y más burlesco caos en una estructura novelesca, la de *Tristram Shandy*, al quebrantar los normales postulados del género: entre ellos el orden de la secuencia temporal (la marcha del relato no va hacia delante, sino más bien hacia atrás), y también el adecuado y rítmico espaciamiento de los capítulos. La asimetría, la irregularidad no puede ser más ostensible; ya que en el *Tristram Shandy* junto a los capítulos que podríamos considerar de dimensiones normales, aparecen otros de una o dos líneas, y aun de ninguna: unos puntos o un espacio en blanco.

Hoy día esto tal vez no sorprenda a nadie, pero hay que situarse imaginativamente en el siglo XVIII para captar, en todo su valor, la audacia de Sterne al permitirse tales extravagancias y piruetas estructurales. El capítulo concebido como hueco equivale a una irónica acusación de su convencionalidad.

Y sin embargo, como todo lo convencional en materia estética, el capítulo ha desempeñado en la novela un papel importante, al funcionar en su estructura, como muy definida unidad estética y emocional. ¡Cuántas veces no hemos elogiado tal o cual capítulo de una novela! ¡De cuántas no recordamos sino, precisamente, algunos de sus más significativos capítulos!

En las obras de ambiciosa y bien trabada estructura —por ejemplo, *La Regenta* de *Clarín* en nuestras letras del siglo XIX— el juego, el sucederse de los capítulos está ligado al habilísimo manejo de los variados tonos que componen la obra. Y así, recordamos el capítulo primero como el de una apropiada obertura novelesca, con la descripción de Vetusta vista por el catalejo de Don Fermín de Pas desde la torre de la Catedral. O podemos recordar, así aislado, como casi una entidad estética autónoma, el impresionante capítulo en que se describe el entierro del ateo «oficial» de la ciudad. O aquél, tan secamente dramático, en que se evoca cuál fue la vida de la madre de Don Fermín. O el de la representación del *Tenorio* de Zorrilla, visto por primera vez por Ana Ozores.

Se comprende que para el novelista clásico existiese un expresivo ajuste entre los distintos momentos (y tonos) del relato, y los diferentes capítulos en que éstos iban encarnados. Se comprende, también, que fuese problema estético de cierta envergadura, revelador de la intuición, del sentido del ritmo y del cambio tonal por parte del novelista, el que éste supiese exactamente dónde había de concluir un capítulo y dónde comenzar el siguiente. Era algo más que un despiece o troceo puramente mecánico; era algo muy estrechamente vinculado al dispositivo estructural de la novela, entendido éste no como esqueleto sostenedor que cumple una función puramente física, sino como factor estético de indudable relevancia.

Cuando ese elemento estructurador, de tan claro designio estético como era el capítulo, se ve objeto de transformaciones tan radicales como las que presenta la novela actual, habría que preguntarse si tal fenómeno no guarda alguna relación con el ya visto de cómo esa novela ha ido acercándose al dominio propio de la poesía, de los contenidos alegóricos, simbólicos, etcétera. No creo, sin embargo, que la causa única de la nueva situación del capítulo, venga dada por la desvinculación de épica y de novela, con el allegamiento de la última a otros ámbitos literarios. Pero, aunque no única, no debemos descartar tal motivación. Pues, evidentemente, cuando un narrador pretende que sus creaciones se alejen lo más posible de las del pasado, trata de darles un diseño lo suficientemente distinto como para evitar la aproximación. El nuevo diseño de la novela, con el que conseguir un muy visible distanciamiento del antiguo, parece relacionarse con la nueva manipulación de los capítulos.

5. INFLUENCIA DE LOS PROCEDIMIENTOS CINEMATOGRÁFICOS

Pero, a la vez, habría que pensar en otras causas determinadoras de esas transformaciones estructurales. Por ejemplo, la influencia del cine. Aquí no cuenta tanto el capítulo —aunque la secuencia venga en cierto modo, a resultar su equivalente— como el juego de planos, el montaje de los mismos, el ritmo en su sucesión. Recuérdese a este respecto lo que Claude Mauriac dice en su novela *La marquise sortit à cinq heures*:

«Il est évident que ce mot de *roman* a trop servi et qu'il importe de toute urgence d'en trouver un autre. J'emploierai de nouveau ma méthode artisanale. Celle du cinéaste que j'aurais pu être si je n'avais préféré à tout la littérature. Je travaillerai à mon habitude sans ordre chronologique, par plans séparés, d'après un découpage préalable, l'essentiel devant une fois encore résider dans le montage minutieux et précis, pièce à pièce.»[5]

En bastantes obras de las incluibles en el «nouveau roman» —v. gr., las de Robbe-Grillet, y especialmente *La Jalousie*—

5. CLAUDE MAURIAC, *La marquise sortit à cinq heures*, Albin Michel, París, 1961, pp. 205-206.

se percibe con claridad la influencia de las técnicas cinematográficas. (Recuérdese que Robbe-Grillet fue el guionista del film de Alain Resnais *El año pasado en Marienbad*, antes de convertirse en realizador de sus propias películas.) Por eso, M. Beaujour ha podido decir: «El *nouveau roman*, en sus más típicas manifestaciones, se caracteriza por la ampliación y el *ralenti*».[6]

Los efectos de *ralenti*, de cámara lenta, son muy característicos de no pocas páginas de Proust —por ejemplo, la escena en que el narrador besa la mejilla de Albertina—, de Joyce e incluso de autores anteriores a la aparición del cine. E. Muir señala el efecto humorístico que puede provocarse con el lento discurrir del tiempo, tal como puede observarse en *Tristram Shandy*; efecto que Muir compara con el de «the slow-motion picture».[7]

Cabría asimismo recordar la importancia que, en el lenguaje cinematográfico, tiene el primer plano, el acercamiento de la cámara al rostro de un personaje o incluso, en dramático *close-up*, a sus ojos, boca, a una mano, a una oreja, o a algún objeto pequeño que, así tratado, llena toda la pantalla, etc. En *La Jalousie* de Robbe-Grillet el primer plano tiene una gran fuerza, y otro tanto ocurre en las novelas de Nathalie Sarraute, consideradas por Beaujour como «primeros planos hiperbólicos».[8]

Por otro lado, la aparición del cine sonoro nos ha acostumbrado, hace bastantes años, a ciertos efectos de los que también ha sabido aprovecharse el novelista: v. gr., la tan socorrida voz en *off*; si bien en este caso más bien cabría hablar de interinfluencia e incluso de una primacía literaria, ya que el cine no hizo sino utilizar hasta la saciedad un procedimiento inicialmente literario, relacionable con la voz del narrador om-

6. BEAUJOUR, art. cit., p. 88.
7. E. MUIR, ob. cit., p. 81.
8. BEAUJOUR, art. cit., p. 87.

nisciente o con la del que adopta la primera persona narrativa.

Los desplazamientos entre la imagen y la banda sonora se emplean cinematográficamente unas veces con un sentido humorístico, y otras dramático. Si por ejemplo, en vez de la sonoridad propia del presente al que corresponde la imagen, se nos ofrece la de algún momento del pasado, se nos quiere hacer ver que el personaje está entonces imaginativamente desplazado de ese presente (visual) y vuelto hacia algún momento del pretérito, sugerido precisamente por unos determinados sonidos o por una música. En definitiva, se trataría de un *flashback* acústico, paralelo al óptico, que es el fundamental.

También los novelistas actuales se sirven con gran frecuencia de esos recursos, de esos saltos al pasado, conseguidos con procedimientos auditivos o visuales, en cuanto al juego de asociaciones que permiten el salto atrás. La técnica del *flashback* es la manejada, por ejemplo, en ciertas páginas de *Bajo el volcán* de Lowry, de *Homo Faber* de Max Frisch, etc.

No se crea, sin embargo, que el *flash-back* es un recurso específico de la novela actual. En el breve pero interesante libro de Boileau-Narcejac sobre la novela policíaca, se alude a su empleo en los folletines detectivescos de E. Gaboriau: «Cuando Lecoq está por descubrir la verdad, Gaboriau nos intercala tranquilamente la historia de todos los sospechosos. Da marcha atrás (el *flash-back*, como vemos, no es un invento reciente) y desarrolla el folletín que el misterio inicial contenía en germen. Aprendemos así con detalles todas las circunstancias que llevaron al crimen y, en consecuencia, Lecoq resulta privado parcialmente de su victoria, porque no es él sino el mismo autor quien nos conduce a la solución».[9]

Hay quien, como Nathalie Sarraute, al ocuparse de estas in-

9. Boileau-Narcejac, *La novela policial*, trad. de Basilia Papatamatin, Ed. Paidós, Buenos Aires, 1968, p. 48.

ter-influencias, considera que del enfrentamiento novela-cine, la primera debe quedar liberada o purificada de cuanto el segundo puede expresar, esforzándose, por el contrario, en retener todo aquello que es inexpresable cinematográficamente. Así como la fotografía —dice N. Sarraute— ocupa y hace fructificar los terrenos que ha abandonado la pintura, el cine recoge y perfecciona lo que le abandona la novela.[10]

En cualquier caso, lo que aquí importaba destacar es que las modificaciones sufridas por el componente «capítulo» en la estructura de la novela, tienen su origen en muy complejas causas. Rasgo común, quizás, a todas ellas sea el sentir, por parte de los narradores actuales, la necesidad de diferenciar sus creaciones de las del pasado. Y esa diferencia se establece no tanto en niveles de contenido, como de forma. Más que por el contenido, por los temas, muchas novelas actuales se diferencian de las del pasado por la forma narrativa adoptada. El capítulo no podía, en verdad, sustraerse a un empeño innovador que se proyecta, sobre todo, hacia las estructuras narrativas.

10.   N. Sarraute, L'ère..., pp. 92-93.

PERSONAS, MODOS Y TIEMPOS
EN LA ESTRUCTURA NOVELESCA

1. Personajes secundarios. Personajes colectivos

Entre los principios estructurales señalados por J. Souvage figuran la trama, la técnica del punto de vista y los caracteres. A propósito de éstos, recuerda Souvage la distinción —ya establecida por Henry James— entre los caracteres que podríamos llamar significantes dentro de la estructura general del relato, y aquellos otros que no se relacionan directamente con el tema, pero son, en cierto modo, necesarios para que éste pueda desarrollarse, como las ruedas que sostienen el coche —señalaba James— lo son para que pueda moverse. La función de estos personajes secundarios —*ficelles*, los llamaba Henry James— se reduce a ilustrar o reforzar lateralmente el núcleo central de la trama. Claro es que la especial índole de ésta trae como consecuencia, en ocasiones, el que los personajes secundarios, aun conservando su condición de tales, se conviertan en necesarios e imprescindibles. Así, en nuestras letras bastaría recordar como ejemplo muy significativo el de *La Regenta* de *Clarín*. Evidentemente, el desarrollo de la trama está confiado a los indiscutibles protagonistas que son, sobre

todo, Ana Ozores y Don Fermín de Pas; pero a su lado e inte-
grándose en el gran personaje colectivo que es la ciudad de
Vetusta, se mueve un abigarrado conjunto de personajes secundarios, tan simbólicamente significativos, en algún caso,
como *Frígilis*, el fiel amigo de Don Víctor Quintanar y de su
esposa, Ana Ozores.

Por otra parte, convendría considerar el curioso destino que,
algunas veces, parece estar reservado a ciertos personajes inicialmente secundarios y ascendidos luego, con el transcurrir
de la acción novelesca, a categoría poco menos que protagonística. Antes cité el caso de Samuel Weller, el criado de Míster
Pickwick. Y ya que de Dickens hablo, bueno será recordar,
asimismo, cómo, en el sentir de la mayoría de los críticos,
en *David Copperfield* importan e interesan mucho más los
personajes secundarios que el propio narrador y protagonista.

En las que Muir llama «novelas de caracteres», no es raro
que su estructura venga determinada por el juego de los personajes que, cuando son numerosos, suscitan, con sus idas
y venidas, sus momentáneas desapariciones y sus reaparicio-
nes, sus contactos entre sí, todo un complicado tejido de relaciones estructurales, bien señalado por Muir en *Vanity Fair*.
En esta novela «el complejo de relaciones y el número de caracteres se expande hasta abarcar la sociedad entera». Y esas
relaciones son precisamente las que crean los episodios y
configuran el «plot».[1]

Así como la desaparición o modificación del capítulo a la
usanza tradicional, ha supuesto no pocas modificaciones estructurales en la novela actual, algo semejante cabría decir
con relación a la decadencia de la novela con un «héroe» o
personaje central.[2] La sustitución de ese personaje central de
las novelas clásicas por una constelación de personajes —tal

---

1.   E. MUIR, ob. cit., p. 38.
2.   Vid. sobre esto N. SARRAUTE, *L'ère du soupçon*, pp. 435-436.

como aparece en *Point counter Point* de Huxley— ha determinado, incluso, la presencia de las novelas de estructura unanimista o simultaneísta, como algunas de las ya citadas de Romains o de Sartre. Por otro lado, y en conexión con el mismo fenómeno, tendríamos la novela con personaje colectivo, por así decirlo.

Si en las novelas románticas el «yo» del narrador estaba muchas veces en un constante primer plano, la novela naturalista apaga ese soliloquio, sustituyéndolo por el concierto de diversas voces y aspirando a reflejar en sus páginas el vivir de clases sociales enteras, de pueblos, de naciones.

El gusto por las novelas colectivistas no es, pues, exclusivo de nuestra época, y ya el siglo pasado conoció algunos relatos —entre ellos no pocos de Zola— en los que el personaje central era realmente un mercado, una taberna, una locomotora, unos grandes almacenes, una catedral... Los hombres de tales novelas contaban más que como individuos, como porciones de uno de esos grandes conjuntos en que se integraban y que adquirían, novelescamente, la configuración de algo vivo y poderoso. Después el llamado *realismo socialista* ha dado lugar en la novelística soviética a bastantes obras del tipo de *Edificación* de Leónidas Leonov. Pero también las novelas unanimistas de Jules Romains, y las de tipo colectivo-simultaneísta, como la trilogía *U.S.A.* de Dos Passos, *La Colmena* de Cela, o la serie *Los caminos de la libertad* de Sartre, presentan, pese a sus diferencias estilísticas, temáticas, ideológicas, las suficientes semejanzas como para hacer ver que el proceso de colectivismo y aun masificación, tan característico de nuestro tiempo, ha encontrado adecuado eco novelesco.

En ocasiones, no es la clase social o el oficio lo que sirve de aglutinante o denominador común, sino, como en *La Montaña Mágica* de Mann, algo más amplio y flexible: la enfermedad, en este caso.

Lo colectivo sirve, a veces, solamente de contraste para mejor percibir la soledad del hombre, esa punzante soledad en compañía que se suele experimentar en los grandes hoteles; los tan conocidos de Vicki Baum, donde viven bajo un mismo techo diversas historias de unos seres que, en el fondo, nada tienen que ver unos con otros.

Con el nuevo sentido que el personaje novelesco tiene en la actualidad se relacionan estructuras narrativas tan peculiares como la del *Molloy* de Samuel Beckett; novela bipartida, integrada por dos monólogos interiores sostenidos sobre una trama de búsqueda. Molloy busca a su madre, en la primera mitad de la novela. En la segunda Morán busca a Molloy. ¿Pero son dos personajes realmente? La común inicial de ambos nombres, la letra *M*, ¿no estará indicando que se trata de un mismo individuo?

2. PRIMERA, SEGUNDA Y TERCERA PERSONA NARRATIVAS

Parece, pues, evidente que, en algunos casos, la estructura novelesca guarda muy estrecha conexión con la función asignada a los personajes del relato. Más aún: de todos es sabido que la posición adoptada por el narrador frente a esos personajes, y sobre todo frente al protagonista, condiciona la forma misma del relato; según la voz del narrador encarne en una primera, tercera o en segunda persona narrativa.

El narrador omnisciente, a la manera tradicional, de tono épico, diríamos, utiliza la tercera persona para narrar desde fuera los sucesos novelescos, pero sin prohibirse a sí mismo —a su voz de narrador— el comentar, adelantar acontecimientos, el caracterizar moralmente a los personajes, etc. El narrador está en todas partes, todo lo sabe, actúa como un dios frente a sus criaturas, y procura hacérselo ver así al lector. Es obvio que no siempre funciona así la tercera persona, que puede ser también la empleada por los narradores con mayores apetencias de objetividad: Maupassant, Zola, Flaubert, o Blasco Ibáñez en el siglo pasado. Si el narrador se contenta con describir desde fuera sin permitirse ninguna filtración de su voz, ningún latiguillo del tipo de «nuestro héroe», «como dijimos en un capítulo anterior», etc., puede aspirar a conseguir una cierta sensación de imparcialidad, de neutralidad, como si el relato se contara por sí solo.

Otro procedimiento con el que conseguir una relativa objetividad es el ya comentado del diálogo a la usanza dramática, al dejar sólo las voces de los personajes frente al lector, con ocultamiento de la del novelista. O bien éste puede enmascararla mediante esa otra *sui generis* forma de diálogo que es la textura epistolar, tan grata a los novelistas del XVIII como Richardson y Rousseau, y empleada luego por muchos otros escritores, tan dispares como puedan serlo Choderlos de Laclos, André Maurois o Guido Piovene.[2bis]

Con la estructura epistolar guarda alguna relación la narración en primera persona. De hecho ésta adopta algunas veces la forma de una más o menos larga carta o memorial que se escribe para alguien: así, el viejo *Lazarillo* o el *Pascual Duarte* de Cela.

Con todo, entiendo que éstas son más bien técnicas narrativas que estructuras, pero aun así, no conviene olvidarlas en el recuento que ahora estamos haciendo, por cuanto en la novela actual se han introducido algunas novedades dignas de reseña.

Por un lado, y según ya hemos visto, la forma dialogada si-

2 bis.   Un excelente análisis de una estructura narrativa epistolar, la de *Les liaisons dangereuses* de Choderlos de Laclos, se encuentra en la ob. cit. de TODOROV, *Literatura y significación*.

gue gozando de bastante favor. Otro tanto ocurre —y en mayor proporción aún— con el relato en primera persona; el cual —como dice Nathalie Sarraute— «satisface la curiosidad legítima del lector y apacigua el escrúpulo no menos legítimo del autor. Además, posee al menos una apariencia de experiencia vivida, de autenticidad».[3]

Sin embargo, para otro cultivador del «nouveau roman», para Michel Butor, la primera persona, aunque comporte ventajas sobre la tercera, no carece de inconvenientes: «En la lectura del episodio más simple de una novela —dice Butor— hay siempre tres personas implicadas: el autor, el lector, el héroe. Éste, normalmente, asume la forma gramatical de la tercera persona del verbo: es un "él" del que se nos habla, de quien se nos cuenta la historia».

«Pero es fácil ver las ventajas que puede tener para el autor introducir en su obra un representante suyo, un narrador, el que nos cuenta su propia historia, decirnos "yo".»

«El "él" nos deja en el exterior, el "yo" nos hace entrar en el interior, pero este interior corre el riesgo de ser cerrado como la cámara oscura en la que un fotógrafo revela sus clisés. Este personaje no puede decirnos lo que sabe de sí mismo.»

«Éste es el motivo de que a veces se introduzca en la obra un representante del lector, de esta segunda persona a la que se dirige el autor: aquel a quien se cuenta su propia historia.»[4]

Justifica así Butor el uso de la segunda persona, del «vous» empleado en su novela *La Modification*, desde el principio al fin: un individuo que viaja de París a Roma, en tren, con el propósito de separarse de su esposa y de unirse definitivamente a la amante que le espera en Italia, modifica de forma radi-

3.   Ibíd., p. 85.
4.   M. BUTOR, *Sobre Literatura*, II, pp. 134-135. Vid. asimismo el artículo de B. PINGAUD, *Je, vous, il*, en «Esprit», julio-agosto, 1958.

cal su decisión durante el viaje. En cierto modo la *materia* de este relato es la tradicional de una novela que cabría calificar de psicológica. Lo relativamente nuevo reside en la estructura, en la expresión, en el enfoque narrativo con que tan mínima anécdota es contada. Butor prescinde de las fórmulas tradicionales y emplea, con evidente acierto, la fórmula de la segunda persona, el «vous».

Para Albérès el recurso no es del todo original, ya que un narrador de «ciencia-ficción», Théodore Sturgeon, lo empleó también en el relato *El hombre que ha perdido el mar*, el cual comienza así: «"Imagina que tú eres un chiquillo y que, durante una negra noche, corres con un helicóptero en tu mano, diciendo muy de prisa: *brum, brum, brum*. Pasas cerca de un hombre enfermo y él quiere que te alejes con tus ruidos. Quizá te encuentra demasiado mayor para divertirte con tales juguetes. Está con un traje presurizado y se parece a un hombre de Marte". Lo que ocurre es que el chiquillo que pasa agitando el juguete y el hombre que agoniza dentro de una escafandra son un único y mismo ser: el primer hombre que ha llegado a Marte y que, en sus últimos momentos, vuelve a ver su vida, alucinado, y siente desdoblada su personalidad. Al servirse de la segunda persona, Butor presenta una experiencia humana —dice Albérès— como un enigma y no como un relato».[5]

Después de Butor se ha servido de la segunda persona Georges Perec en *Un homme qui dort* (1967). Y en las letras inglesas cabría recordar *The Fetch* (1969) de Peter Everett.

Con todo, ha sido *La Modification* la obra que más alcance y popularidad ha conseguido, la que, en cierto modo, ha consagrado la estructura narrativa en segunda persona, tan inteligentemente manejada por Butor. Con su uso podríamos decir que los intentos —de muy varia índole— para acabar con la

---

5. R.-M. ALBÉRÈS, *Histoire...*, pp. 410-411.

tradicional pasividad del lector de novelas, alcanzan aquí una muy original expresión. Convertido el lector en el protagonista al que le está sucediendo cuanto se presenta en la novela, se da entonces una —por supuesto, momentánea, ilusoria— desaparición de tal pasividad, sustituida por el máximo implicamiento: el de esa transmutación protagónica.

Bien es verdad que éste es uno de los efectos que el empleo de la segunda persona puede suscitar, pero no el único. En la citada novela de Perec, los críticos han visto en la segunda persona una proyección de la del mismo autor dirigiéndose a sí mismo, cuando era un estudiante pobre y sin ambiciones.

E incluso la segunda persona de *La Modification* es estudiada por Roland Barthes no como una invocación del autor al lector, sino como la del creador a su criatura. Barthes ve en *La Modification* algo más que una novela simbólica, ve también «una novela de la criatura». Y cree, entonces, que el uso de la segunda persona no es «un artificio formal, una variante astuta de la tercera persona de la novela», que permite acreditar la obra como de «vanguardia». Esa segunda persona le parece a Barthes «literal»: «es la del creador dirigiéndose a la criatura, nombrada, constituida, creada en todos sus actos por un juez y generador. Esta interpretación es capital, ya que instituye la conciencia del héroe: a fuerza de verse descrito por una mirada, la persona del héroe se modifica, y renuncia a consagrar el adulterio del que tenía inicialmente el firme propósito».[6]

Para Butor, no obstante, el uso de la segunda persona antes que expresar la relación autor-criatura, entraña un algo de didáctico: «Hay alguien a quien se cuenta su propia historia, algo de sí mismo que él no conoce, o al menos todavía no en el nivel del lenguaje, y ello es lo que hace posible un rela-

6. R. BARTHES, ob. cit., pp. 123-124.

to en segunda persona, que, por lo tanto, siempre será un relato "didáctico"». Recuerda Butor algunas páginas novelescas de Faulkner en las que «unos personajes cuentan a otros lo que estos últimos hicieron en su niñez, algo que han olvidado o de lo que nunca llegaron a tener más que una conciencia muy parcial». Se diría entonces que en esas páginas faulknerianas encontró Butor el germen suscitador del «vous» de *La Modification*: «Si el personaje conociera por completo su propia historia, si no tuviese ningún inconveniente en contarla o en contársela, se impondría la primera persona: se limitaría a informar sobre sí mismo. Pero se trata de obligarle a hacerlo, porque miente, porque oculta o se oculta alguna cosa, porque no posee todos los elementos, o incluso, en caso de que los posea, porque es incapaz de ensamblarlos convenientemente [...]. Así, siempre que se quiera describir un auténtico proceso de la conciencia, el nacimiento mismo del lenguaje o de un lenguaje, la segunda persona será la más eficaz».[7]

Estas palabras de Butor parecen darnos la clave de la estructura empleada en *La Modification*. Como quiera que sea, acéptese la interpretación de Butor o la de Barthes (o ambas a la vez, puesto que, en última instancia, no existe incompatibilidad entre ellas), el empleo de la segunda persona supone una muy peculiar vuelta a la voz del narrador, la voz del creador frente a la criatura, como quiere Barthes; la del ser omnisciente, la del individuo que conoce una historia ignorada por el protagonista que la está viviendo, que la ha vivido ya, como quiere Butor.

Parece, pues, que esa tradicional «voz del narrador» es inocultable, ya se emplee la tercera, la segunda o la primera persona. En cierto modo, una novela de Robbe-Grillet, *La Jalousie*, equivale a un intento de evitar cualquiera de esos tres

7. M. BUTOR, ob. cit., pp. 83-84.

canales narrativos (las tres «personas» citadas), según apunta
M. Forni: en *La Jalousie* la conjugación de los verbos referidos
al protagonista es siempre impersonal. El protagonista nunca
es designado por «yo», «él», o cualquier otro pronombre. Tal
impersonalidad no tiene nada que ver con la del autor omnisciente. Es una impersonalidad ficticia, aparente, determinada
por la total inserción dentro del radio de la conciencia de un
«yo» que no puede afirmarse, porque está dentro del fenómeno
como un noúmeno incognoscible.[8]

Efectivamente en *La Jalousie* se nos ofrece la descripción
de cuanto ve la mirada de un celoso, pero no se nos da la psicología de éste ni tan siquiera la —por así decirlo— de los celos
en abstracto, como pasión genérica. Por eso, no le falta razón
a Marina Forni al señalar en la obra de Robbe-Grillet una evitación de las tres personas tradicionales del relato. En este que
ahora nos ocupa, hay, evidentemente, un celoso, pero su condición de tal y los sucesos que la han provocado nos son presentados desde una extraña dimensión que no corresponde ni a un
«fuera» ni a un «dentro». No se nos introduce en la psicología
del celoso. No hay ningún narrador que la conozca y nos la
describa. Hay, eso sí, unos objetos, unos gestos que alguien ve,
pero sin que sepamos exactamente quién es ese «alguien»: ¿el
celoso?, ¿el narrador?, ¿el lector?, ¿los tres, conjuntamente?
Tal ambigüedad de enfoque es la que, precisamente, determina
la otra ambigüedad gramatical.

Un curioso manejo de los planos narrativos correspondientes a las tres personas gramaticales es el que se encuentra en
la novela *La muerte de Artemio Cruz* del mejicano Carlos Fuentes. «La técnica novelesca —dice Andrés Amorós— es complicada e interesante: se suceden con perfecto orden tres clases de
capítulos, iniciados cada uno por un pronombre personal: "yo",

8. M. FORNI, ob. cit., pp. 62-63.

"tú", "él". Los capítulos escritos en primera persona representan el monólogo interior del moribundo. La tercera persona sirve para narrar objetivamente hechos de su vida pasada, con gran desorden temporal. Los capítulos en segunda persona suponen una perspectiva menos clara: el yo que le habla parece una conciencia omnisciente (¿el narrador, Dios, él mismo?) que le ve desde fuera y se atreve a decirle las cosas que él, quizá, siempre sospechó, pero nunca tuvo el valor de admitir.»[9]

3. MODOS Y TIEMPOS VERBALES

Con el problema de los pronombres personales determinadores de la estructura novelesca, guarda evidente relación el de los modos y los tiempos verbales.

El modo clásico de la novela —recuerda Marina Forni— es el indicativo, pero esto no impide la existencia de novelas escritas en condicional, subjuntivo o infinitivo. La mayor parte de los relatos de Borges puede decirse que están escritos en «condicional», en el sentido del modo lógico. La posición del autor en esos relatos parece ser la de aquel que renuncia a contar una historia, para limitarse a enunciar la *posibilidad* de la historia misma. Esta dimensión *posibilista* de la novela contemporánea que consiste en hacer objeto de la narración los mismos procesos operacionales, parece reflejar en cierto modo aquella idea estética, según la cual el arte contemporáneo se caracteriza por un predominio de la *poética* sobre la obra misma, del «modo de hacer» sobre el «manufacturado».[10]

    9. A. AMORÓS, *Introducción a la novela hispanoamericana actual*, Anaya, Madrid, 1971, p. 148.
    10. M. FORNI, ob. cit., pp. 65-66.

De nuevo, y por otro camino, henos situados frente a la valoración de la forma, de la estructura, del *cómo* antes que del *qué*. No deja de ser significativa, a esta luz, la frecuencia con que en la literatura actual se da la «novela del novelista», aquella que tiene como personaje a un escritor que intenta escribir una novela, en tanto se está ofreciendo al lector la suya propia. Ejemplos ya clásicos son *Los monederos falsos* de André Gide, y *Point counter Point*, de Aldous Huxley. En la actual literatura argentina cabría citar *Rayuela* de Cortázar. La estructura por hacer —hacedera por el lector— de esta obra, cuanto en ella se atribuye al novelista Morelli, nos permiten ver que estamos realmente ante un caso semejante al de Borges: lo que leemos no es tanto una novela, como su *posibilidad*; mejor dicho, la de tantas novelas como personales sistemas de lectura —orden de la misma— adopten sus lectores. Se pretende entonces hacernos creer que la novela no está aún hecha, que somos nosotros los que hemos de hacerla, a nuestro gusto o, si lo preferimos, al del narrador, que nos da para ello una posible (aunque no única) guía para la lectura de la obra.

Respecto a los tiempos verbales, alguna vez se ha considerado (Ortega, por ejemplo) que, así como el propio de la epopeya era el pasado, el de la novela lo es el presente. «Novela y épica son justamente lo contrario. El tema de la épica es el pasado como tal pasado.» En la novela «encontramos la contraposición del género épico. Si el tema de éste es el pasado, el de la novela es la actualidad como tal actualidad».[11]

Esto, en líneas generales, pues yendo a los casos particulares, encontraríamos las más variadas combinaciones temporales. Con cierto tono humorístico R.-M. Albérès ha podido hablar incluso, de una «novela-conjugación», a propósito de *La Nuit* de Michèle Bernstein (1961): «Gilles y Carola pasean por la no-

---

11.   Ortega y Gasset, *Meditaciones del Quijote*, Obras Completas, I, Rev. de Occidente, Madrid, 1946, pp. 370 y 375.

DESORDEN Y DIGRESIONES

1. Desorden cronológico en la novela tradicional

El desorden cronológico se ha convertido en uno de los rasgos estructurales más característicos de la novela actual. En la que podríamos llamar clásica, la estructura más frecuente era la lineal y ordenadamente cronológica, aquella en la que se daba un perfecto ajuste entre la sucesión de los capítulos, de los episodios, de las páginas, y la secuencia temporal. Se caminaba siempre hacia delante, y de producirse algún retroceso, algún salto hacia el pasado, éste quedaba más que justificado y enmarcado dentro de las necesarias aclaraciones, precedido de algún preámbulo situador. Ya hemos aludido al empleo del *flash-back* en Gaboriau. Recuérdese, asimismo, la disposición retrospectiva de *Cumbres borrascosas*, de Emily Brontë, de *La dama vestida de blanco* o de *La piedra lunar* de Wilkie Collins, en las que determinados hechos del pasado nos son dados a conocer a través de los relatos de otros tantos personajes. En ningún caso solía producirse en esas novelas de corte tradicional, confusión o ambigüedad (salvo las provocadas por la poca atención prestada por el lector); no deseadas o buscadas por el novelista, a diferencia de lo que ocurre en la actualidad. Novelas como las citadas de la Brontë o de Collins suponen en todo caso —y especialmente en Collins— un virtuosismo narrativo que hoy podrá parecernos ingenuo, pero que tiene su indudable valor, situado en su tiempo.

Los vaivenes temporales, los saltos atrás propios del más decantado folletinismo —el del citado Gaboriau, el de Ponson du Terrail— suponían complicaciones y longitud novelesca, pero no oscurecimiento. Mal se hubiera podido sostener y alimentar la tensión lectora del *sui generis* público de tales folletines con ambigüedades. Oscuridad, misterio, laberíntico entramado de aventuras, sí; pero todo ello muy distante y muy distinto de los actuales laberintos novelescos, a la manera faulkneriana o —más aún— del «nouveau roman». El hilo de Ariadna nunca se rompía en esas viejas novelas, cuyas vueltas y revueltas sostenían una atención lectora, susceptible de quebrarse si el orden y la claridad ocupaban demasiado pronto el lugar de la maraña y de la intriga. Por otra parte, no hay que olvidar lo que tan dilatados enredos suponían para aquellos avezados folletinistas, cuyos ingresos estaban en razón directa, tantas veces, del número de páginas que escribían.

Las complicaciones temporales —nunca excesivas— de las novelas tradicionales podían, pues, crear una tensión dramática —*Cumbres borrascosas*—, un misterio —las citadas novelas de Collins—, o un enredo folletinesco abocado, obligatoriamente, a una aclaración. Lo que nunca creaban era, como en ciertas novelas actuales, una sensación de inseguridad, desasosiego, extravío e incluso caos. La imposición de un orden, el sentido de un proceso que marchaba hacia delante, hacia un desenlace, que implicaba la obligatoriedad de un fin, de un cierre definitivamente aclarador, daba a estas estructuras de la novela tradicional, una linealidad de que carecen las ondulantes y confusas estructuras de las novelas contemporáneas caracterizadas por el entrecruzamiento de distintos planos temporales. Éstos quedaban siempre ordenados, ajustados en el lugar exacto que les correspondía durante la marcha del relato, en las novelas clásicas. Por el contrario, el orden y ajuste que puedan establecerse entre los intercruzados planos temporales de la novela actual, es, muchas veces, relativo y precario. En algún caso —¡*Absalón, Absalón!* de Faulkner—, el novelista cree necesario dar al final de la obra una especie de tablas cronológicas ordenadoras de cuanto quedó atrás narrado desordenadamente. Pero es obvio que el efecto emocional y estético debería nacer de un desorden que no hace sino expresar determinados tonos y grados de pasión, de vitalidad caótica.

La involucración de distintos planos temporales en la novela tradicional equivalía, en muchos casos, a la postulación y búsqueda de un orden. Conseguido éste, el jeroglífico quedaba descifrado. A través del tiempo era posible seguir una pista, a cuyo extremo, en cuyo final, estaba la solución. Por paradójico que pueda resultarnos, todos esos tinglados novelescos exigían un orden, y hasta un punto tal que cabría preguntarse si buena parte de la seducción que tales novelas ejercían sobre amplias masas de lectores, no tenía su origen precisamente en esa búsqueda del orden a través del desorden. Éste, su presencia, no hacía sino subrayar enfáticamente la necesidad —a la que tendía el afán racionalizador, clarificador, del lector— de un orden estructural, captable, pues, a través de su desorden; como en esos pasatiempos infantiles en los que se presenta un tropel de números no dispuestos en línea alguna, sino desparramados desordenadamente, y que, según va entrelazándolos el lápiz en su ir y venir zigzagueante, van descubriendo el oculto dibujo, la rígida figura que tras ellos subyacía.

Las dos novelas antes citadas de Collins son, tal vez, los más significativos e inteligentes ejemplos que conozco de un *imbroglio* estructural de grandes proporciones —tanto *La piedra lu-*

nar como *La dama vestida de blanco* son dos novelas muy extensas—, cuyo proceso de clarificación posee un añejo pero innegable encanto. Al final todo queda bien trabado y sin ningún cabo suelto. Se diría que el lector siente recompensada su atención, se queda satisfecho tras el *tour de force* que se le ha ofrecido, respira con la tranquilidad del que ha salido del laberinto, adopta el gesto triunfal del niño que al final ha completado el *puzzle*.

Por el contrario, en bastantes de las novelas actuales caracterizadas por el desorden cronológico, no siempre se da como exigencia estética, un proceso clarificador, por el que las desajustadas partes del relato, al irse incorporando a los respectivos quicios temporales del mismo, acabarían por componer una ordenada secuencia cronológica. Casi podríamos considerar que en ellas la exigencia estética es de signo opuesto a la tradicional, apoyada como está en la deliberada apetencia de ambigüedad, de confusión. Si, como Shakespeare decía en *Macbeth*, la vida no es otra cosa que una historia sin sentido contada por un idiota con estruendo y furor, ese *Sound and fury* carente de congruencia, de orden, es en cierto modo el captado estéticamente en la novela de Faulkner con la transcripción del monólogo interior de Benjy, un deficiente mental. A través de sus alteraciones, de sus deformaciones, hemos de reconstruir y ordenar, en cierto modo, la realidad captada por tal personaje.

2. STERNE Y LA ESTRUCTURA DIGRESIVA

En el camino hacia el intencionado desorden cronológico Sterne fue —como en tantos otros aspectos— un destacado, un audaz precursor de la novela actual. A Sterne le preocupaba conseguir una estrecha correspondencia entre literatura y realidad, conseguir una equivalencia de tiempo entre el contenido en su novela y el de la experiencia del lector. Esto no pasó de ser una apetencia más o menos teórica, y no del todo conseguida en *Tristram Shandy*. En ella el muy flexible manejo de la estructura temporal, permitió a Sterne —dice Ian Watt— liberarse de la tiranía del orden cronológico y convertirse así en un precursor de Proust, Joyce y Virginia Woolf. Más aún, el más significativo exponente del realismo filosófico, Bertrand Russell, ha modelado su propia consideración de la problemática naturaleza del tiempo sobre *Tristram Shandy*.[1] También André Maurois, al referirse al «escepticismo constructivo» que se percibe en la misma novela, ve en Sterne a un legítimo adelantado de las más libres estructuras novelescas del xx, y si no se puede afirmar —señala Maurois— que Proust y Joyce se hayan inspirado directamente en él, resulta innegable que Sterne se había lanzado, mucho antes que ellos, a la aventura arriesgada de un «roman-fleuve» sin unidad de acción.[2]

En su época, esa que Maurois califica de «arriesgada aventura» suscitó, conjuntamente, escándalo y admiración. Ya en 1760, Horace Walpole al referirse a la admiración provocada por el *Tristram Shandy*, consideraba esta obra «insípida y aburrida», «cuya mayor gracia consiste en que toda la narración va para atrás. Puedo imaginar que haya una persona que diga que sería gracioso escribir un libro de esta forma, pero no puedo comprender su perseverancia en emplearla».[3]

1. IAN WATT, *The Rise of the Novel*, ed. cit., pp. 304-305.
2. ANDRÉ MAUROIS, *Portrait d'un original*, en «Les Nouvelles Littéraires», n.º 1750, mayo, 1961. Vid. asimismo sobre la valoración actual de Sterne el capítulo IV, *La novela clásica inglesa*, del libro de V. SKLOVSKI, *Sobre la prosa literaria*, Ensayos/Planeta, Barcelona, 1972, pp. 228 y ss.; o la atención que a esa significativa reactualización del *Tristram Shandy* presta ANTONIO PRIETO en su *Ensayo semiológico de sistemas literarios*, Ensayos/Planeta, Barcelona, 1972, pp. 17-18.
3. Cito a través de M. ALLOTT, ob. cit., p. 319. Con razón decía E. M. Fors-

Lo que provocó extrañeza en su tiempo ha servido, con el paso de los años, para hacer del *Tristram Shandy* una de las novelas más valoradas hoy, precisamente por su audaz estructura. La propia de una de las novelas más digresivas del mundo, de más significativo desorden estructural. En esta obra se convierte en fundamental lo que en otros relatos no pasaría de episódico y aun superfluo: la digresión. O bien podríamos considerar que lo que aquí sucede, propiamente, es que la digresión desaparece, pues para que pueda reconocérsela como tal, es preciso que exista un núcleo temático cuya estructura, cuya fluencia expositiva, se vea interrumpida momentáneamente por ese más o menos prolongado alto en el camino que es toda digresión.

En cambio, en *Tristram Shandy* lo ancilar o accesorio viene a ser el mínimo pretexto argumental sobre el que, en incesante despliegue de ingenio, se van colocando disquisiciones sobre los más dispares temas, a cargo del padre del aún no nacido narrador y de su tío Toby. En el capítulo XXII queda claramente definido el montaje de la obra «In a word, my work is digressive, and it is progressive too-and at same time». Para Sterne las digresiones son como la luz del sol, la vida, el alma de la lectura. Con razón consideraba que si se suprimiesen las digresiones en su libro, en el *Tristram Shandy*, nada quedaría de él.[3 bis]

Para Northrop Frye, la estructura digresiva del *Tristram Shandy* es una consecuencia de lo que la novela tiene de «anatomía». Frye cree que ésta es una peculiar modalidad de fic-

---

ter que si en toda novela hay un reloj, en el *Tristram Shandy* Sterne lo hizo marchar al revés.

3 bis.   T. TODOROV ha dicho a este respecto: «Pensemos lo que quedaría de un *Tristram Shandy* si se "extirpasen" todas las digresiones que interrumpen tan enojosamente la narración». (T. TODOROV, *Literatura y significación*, ed. cit., p. 144.)

ción prosística con su modelo en la *Anatomy of Melancholy* de Burton. Por «anatomía» hay que entender, en Burton, una disección o análisis. Se trata de un estudio de la sociedad humana en términos de la estructura intelectual suscitada por la concepción de la melancolía. Tal especie se relaciona con la de la «Utopía» y lejanamente con la «sátira menipea». En todas estas modalidades la digresión ocupa un lugar importante. Sterne —discípulo de Burton y de Rabelais, según Frye— consiguió en *Tristram Shandy* una obra que puede ser considerada una «novela»; pero que, por lo digresivo de la narración, por la estilización humorística de los caracteres, por las discusiones y constante ridiculización de filósofos y de críticos pedantes, posee todas las características propias de la «anatomía».[4]

Hasta tal punto las «digresiones» son esenciales en el *Tristram Shandy*, que Wayne C. Booth ha podido servirse de la obra de Sterne como ejemplo, el más significativo, con el que diferenciar dos tipos de narradores: aquellos cuyos comentarios son puramente ornamentales, retóricos y no integrados en la estructura novelesca; y aquellos otros cuyos comentarios forman parte integral de la estructura narrativa. Tal es —repito— el caso de Sterne.[5]

Esta característica es la que ha conferido extraordinaria actualidad a *Tristram Shandy*. Para Michel Butor, Sterne es, hoy por hoy, el «mayor artista» que él conoce «en la organización» de una novela.[6]

De lo que se infiere que una novela de apariencia desorganizada, liberada de la «tiranía cronológica», con la digresión como eje estructurador, puede convertirse en un modelo de «organización» artística; por virtud, precisamente, del peculiar atractivo que Sterne supo comunicar a todo ello.

4. FRYE, art. cit. en Murray, pp. 38-39.
5. WAYNE C. BOOTH, *Distance and Point-of-View: An Essay of classification*, en la cit. ob. de Murray, p. 179.
6. M. BUTOR, *Sobre Literatura*, II, p. 157.

La digresión, reconocida frecuentemente como tal, desempeña un importante cometido estructural en la que podríamos llamar «novela-ensayo» y aun «novela humanística», a la manera de Huxley, Thomas Mann, o, en nuestras letras, Ramón Pérez de Ayala. Recuérdese cómo éste en *Tinieblas en las cumbres* invita al lector a saltarse unas páginas consideradas digresivas: el diálogo entre Yiddy y Alberto Guzmán en el puerto de Pajares. Se comprende que F. Agustín pudiera extraer de la obra literaria de Pérez de Ayala un bastante denso haz de ensayos, para publicarlos como obra independiente con el título de *El libro de Ruth.*

¿Qué es digresión y qué no lo es —podría uno preguntarse— en una obra de la magnitud (de una grandeza a veces shakespeariana) de *Moby Dick,* de Melville?

En *Tom Jones* y en *Guerra y paz* hay ensayos interpolados como capítulos separables del cuerpo novelesco,[7] y sin embargo, nadie duda de la alta calidad novelesca que ambas obras poseen.

En definitiva, ejemplos como los hasta ahora citados, más los que a ellos pudieran agregarse, vienen a revelarnos que la digresión es normal en cualquier estructura novelesca, a diferencia de lo que ocurre en otras formas narrativas, concretamente en el cuento y aun, en cierto modo, en la novela corta.[8]

Un cuento con digresiones apenas es concebible, en tanto que sí lo es una novela. De hecho, sólo cuando tales digresiones, por su número o su extensión, se configuran muy ostensiblemente, es cuando las percibimos como tales, pudiendo considerarlas más o menos desprendibles de la estructura general del relato.

7. Vid. Norman Friedmann, ensayo cit. en la ob. de Murray, pp. 154-155.
8. Vid. sobre esto mi libro *Qué es el cuento,* Columba, Buenos Aires, 1967.

3. DESORDEN CRONOLÓGICO EN LA NOVELA ACTUAL

Perdónese esta digresión sobre la digresión, y volvamos al punto que últimamente nos ocupaba: el de la mezcla de distintos planos temporales en un mismo relato, su intencionado desorden cronológico.

Ya Constantino Fedin en *Las ciudades y los años* introdujo, como relativa novedad estructural, la de alterar los planos cronológicos de la novela, con un procedimiento semejante al que luego había de emplear Huxley en *Eyeless in Gaza*. Para N. Cormeau, la estructura de esta obra huxleyana, con la dislocación de planos temporales, tiene sus antecedentes inmediatos: Marcel Proust en literatura, y Henry Bergson en filosofía. Éste en *Materia y Memoria* había descubierto esas atracciones, esos intercambios entre la percepción actual y la de la memoria, y era, pues, normal que, influidos por la filosofía, los novelistas captasen una fuente tan fecunda para la investigación psicológica.[9]

Con la temporalidad proustiana se relaciona, asimismo, la perceptible en las novelas de Virginia Woolf, según ha estudiado N. Cormeau, a través de tres novelas tan significativas como *Flush, Mrs. Dalloway* y *Las olas*.[10] Pues así como Balzac respetaba la topografía y la cronología —señala A. Maurois—, Proust trastorna los planos como Braque, como Picasso. Proust fue el anunciador de un arte que gustará, tanto en literatura como en pintura, de remover y trastornar el tiempo y el espacio, y de yuxtaponer lo que hasta entonces parecía distinto. De ahí que

9. N. CORMEAU, ob. cit., p. 109.
10. Ibíd., pp. 111-112.

los personajes de Proust, frecuentemente, no sepan donde están.[11]

No obstante, la disposición de *recherche*, de *quest*, de *búsqueda*, que caracteriza estructuralmente el conjunto de la obra proustiana, hace que la desnivelación y yuxtaposición de tiempo y de espacio, el vaivén del presente al pasado —merced a la memoria voluntaria o involuntaria—, los raros acoplamientos espaciales que tal movimiento comporta; todo ello acabe por configurarse como un orden, un descubrimiento, una revelación: la que tiene lugar en la última parte del ciclo: *El tiempo recobrado*. Quiere decirse que el atento lector de Proust no tiene por qué extraviarse —pese a tanta ruptura temporal, a tanto salto hacia atrás, a tantos y tan largos paréntesis—, siempre que no pierda de vista cuál fue el punto de partida, y cuál es el sentido de la marcha hacia donde se dirige la exploración del pasado, del *temps perdu*.

Las complicaciones se producen cuando, como en el caso de *Estruendo y furor* de Faulkner, al desorden temporal se yuxtapone el lógico. El efecto es, entonces, el de una estructura caótica, según señala N. Cormeau: saltos bruscos en la narración, omisión de hechos, vueltas hacia atrás, huecos que al lector le resulta difícil rellenar, gusto por lo vacilante y tortuoso. Y sin embargo, obras como ésta se presentan como cosas vivas y activas, como sólidos complejos orgánicos.[12] Para M. Schorer, las involuciones en el estilo de Faulkner son el perfecto equivalente de las involuciones en la estructura, y ambas son la perfecta representación de los laberintos morales que el novelista explora, y del mundo en ruinas que tan repetidamente aparece en sus novelas y en el cual existen tales laberintos.[13]

11. A. MAUROIS, *Rondeau en guise de préface*, en «Les Nouvelles Littéraires», n.° 1892, diciembre, 1963.
12. N. CORMEAU, ob. cit., pp. 204-205.
13. MARK SCHORER, estudio cit. en la ob. de Murray, pp. 90-91. HÉLÈNE BAPTISTE en su *Análisis estructural comparado de tres novelas* [*Sobre*

«En la novela tradicional —escribe Paul Conrad Kurz— los sucesos se cuentan uno tras otro. El narrador estructura la situación del héroe, prepara el conflicto, conduce la acción hacia una conclusión feliz o desgraciada, pero resuelta. El lector sabe siempre lo avanzada que está la acción y dónde se encuentra. Este narrar cronológico no excluye ocasionales informaciones complementarias sobre la infancia del héroe, añadiduras de la vida familiar. En la novela moderna, el bello desarrollo de la acción en meses, estaciones y años no sólo se ve considerablemente acortado, sino que además una buena parte del acontecer ya no es narrado cronológicamente.» Cita Kurz el caso de *Opiniones de un payaso* de Böll: «La acción inmediata suma menos de cuatro horas. Se extiende desde el oscurecer de un día de marzo hasta las diez de la noche aproximadamente. Pero en estas pocas horas nos presenta el payaso a través del recuerdo, la asociación, charlas por teléfono, casi toda su vida [...]. Este tiempo del personaje moderno, más psicológico que cronológico y biológico, quebrado en ocasiones también por el narrador, complica el proceso narrativo».[14]

Un complejo mecanismo retrospectivo, caracterizado asimismo por el desorden cronológico, es el inteligentemente manejado por William Golding en *The Two Deaths of Christopher Martin*. Aquí, como en otras narraciones —v. gr., la ya citada *La muerte de Artemio Cruz*— es la proximidad de la muerte,

---

héroes y tumbas, *El túnel* de Sábato y *El proceso* de Kafka] ha relacionado el desorden cronológico del novelista argentino con el del norteamericano: «Pero en el plano estructural, Sábato se hace maestro del tiempo en la novela *Sobre héroes y tumbas* en una forma que recuerda a Faulkner. En ambos creadores el trastrueque temporal no tiene por ejemplo una mera complicación ni un propósito de hermetismo sino que es consecuencia inevitable de la descripción de una conciencia, ya que la conciencia del hombre no vive linealmente el tiempo». (En *Los personajes de Sábato*, ed. cit., p. 200.)

14. PAUL CONRAD KURZ, *Metamorfosis de la novela moderna*, en *La nueva novela europea*, Guadarrama, Madrid, 1968, pp. 40-41.

la fiebre, el delirio, quienes traen al recuerdo, desordenadamente, imágenes y hechos del pasado. Algo semejante ocurre
en la extensa e importante novela de Hermann Broch, *La
muerte de Virgilio*.

4. LA NOVELA POLICÍACA COMO «ESTRUCTURA»

Otras veces el desorden cronológico es consecuencia de la
pluralidad de narradores que tratan de evocar y de reconstruir
alguna historia, algún hecho parcial o deficientemente conocido por ellos. El resultado es una serie de tanteos, de posibilidades, de hipótesis, un complicado rompecabezas como el que
Claude Simon nos ofrece en *La Route des Flandres*: tres sol-
dados intentan reconstruir una historia de la cual saben muy
poco, involucrando sus personales situaciones caóticas a la
evocada de Reixach. El efecto es algo realmente indescifrable,
algo que a fuerza de asediado, perseguido desde tantos flan-
cos, acaba por hundirse en la tiniebla, en el misterio, tal vez
porque toda vida lo es contemplada por ojos extraños.

Una estructura de signo parecido es la manejada por Claude
Ollier en *L'Échec de Nolan*: un avión desaparece en el mar
del Norte. Se cree que en ese accidente ha perecido (aunque
de ello nunca tendremos la total seguridad) un tal Nolan.
Nadie lo conoce, no tiene familia ni amigos. Se inicia una investigación sobre su muerte, a cargo de una misteriosa Agen-
cia de la que quizás era agente Nolan. Cuatro testigos que no
le conocen son interrogados: uno es noruego, otro vive en
Gibraltar, otro en las Dolomitas, y el cuarto en Méjico.

Esas cuatro encuestas configuran la estructura total de la
obra de Ollier.

No deja de ser significativo que, con referencia a ciertas

obras del «nouveau roman», sus críticos hayan hablado en más de una ocasión de «novela-puzzle», de «novela-enigma»[15] y de «laberintos». El título de una novela de Robbe-Grillet, *En el laberinto*, podría servir para las más de las obras incluibles en el «nouveau roman». En bastantes de ellas se dan —como he estudiado en otra parte[16]— elementos y aspectos propios de la novela policíaca, aunque se trata más bien de una apariencia, ya que son muy distintas las intenciones que subyacen tras uno y otro género. «Imaginemos —dice Albérès— una novela policíaca que no tuviera solución, y no estaremos muy lejos de Kafka, de Durrell, de Robbe-Grillet.»[17]

También René Micha en su libro sobre Nathalie Sarraute ha recordado este hecho, a propósito de lo que *Portrait d'un Inconnu* tiene de indagación o pesquisa: «Les critiques n'ont pas manqué de souligner que les romans de la nouvelle école et aussi quelques "anti-pièces" empruntent volontiers aux structures du roman policier: et il arrive en effet que, de ce point de vue, Alain Robbe-Grillet, Jean Pierre Faye, Michel Butor, Louis-René des Forêts, Jean Lagrolet, Robert Pinget, Samuel Beckett, puissent être, un instant, rapprochés».[18]

Recuérdese asimismo que uno de estos autores precisamente, Michel Butor, ha podido decir: «Es pues muy importante que la propia novela implique un secreto. Es preciso que el lector, al empezarla, no sepa de qué modo terminará. Es preciso que para mí se produzca un cambio, que al terminar sepa algo que no sabía, que no podía adivinar, que los demás no adivinarán sin haberla leído, lo cual encuentra una formula-

15. R.-M. ALBÉRÈS, *Metamorphoses...*, p. 155; y R. BARTHES, ob. cit., p. 224.
16. Vid. mi ensayo *Deshumanización y novela*, en *Proceso de la novela actual*, pp. 120 y ss.
17. R.-M. ALBÉRÈS, *Metamorphoses...*, p. 13. En la misma obra el cap. VIII se titula significativamente *A. Robbe-Grillet et la sacralisation du roman policier*, pp. 143 y ss.
18 RENÉ MICHA, *Nathalie Sarraute*, Éditions Universitaires, París, 1966, p. 21.

ción especialmente clara, como ya puede suponerse, en formas populares, como la novela policíaca».[19]

Este tema del muy *sui generis* acercamiento de «nouveau roman» y de novela policíaca sigue pareciéndome tan insidioso como atrayente. Y de ahí que la atención prestada al mismo en mi libro *Proceso de la novela actual*, se vea prolongada en estas páginas, en las que he tratado de aportar nuevos testimonios probatorios de ese acercamiento (tan ostensible, por lo demás, que no necesita de pruebas). El hecho de que en tantas obras del «nouveau roman» se den interrogatorios, pesquisas, crímenes, misterios, etc., no es casual, como lo demuestra la atención que al secreto, al misterio, conceden algunos de sus cultivadores, v. gr., el recién citado Butor. (Su *Empleo del tiempo* constituiría, quizás, una de las más interesantes modalidades de la falsa novela policíaca, en versión «nouveau roman».)

La explicación de Butor nos da, efectivamente, una de las claves con las que intentar un entendimiento de tal aproximación formal. Otra, podría radicar en lo que el «nouveau roman» tiene de ruptura con la novela «comprometida» que tanta vigencia tuvo en la Francia de la posguerra. A esta luz, la aproximación del «nouveau roman» a las populares narraciones policíacas equivaldría casi a la aproximación a una de las más evasivas especies literarias o, por lo menos, a una manera negativa de expresar el repudio del «compromiso».

Pero esta explicación parece demasiado elemental e ingenua, habida cuenta de la sofistificación normal que se percibe en los cultivadores del «nouveau roman». Evidentemente una novela como la policíaca resulta la más adecuada para esa especie de burla o de engaño a que se puede someter a un lector *naïf*: a aquel que cree estar (al iniciar la lectura de *Les gom-*

---

19.   Butor, ob. cit., p. 102.

mes de Robbe-Grillet, de *El empleo del tiempo* de Butor, de *La mise en scène* de Ollier, etc.) ante una novela policíaca, un relato de misterio; y se da cuenta de que, según avanza en la lectura, nada se aclara ni resuelve. Por el contrario —como Robbe-Grillet dice—, el hueco se hace más grande, a medida que mayor es nuestro esfuerzo por acercar los bordes de la materia. La falsa configuración policíaca ha funcionado como un señuelo «novelesco», como el cebo con que prender al lector acostumbrado al ritmo y evolución normal de esa clase de relatos. Quiero decir, que el rechazo de lo novelesco —esa tendencia que ha llevado a considerar a algunos críticos el «nouveau roman» como un «antiroman»— se ha hecho desde la apariencia de una de las más inequívocas y populares formas de novela: la policíaca. Si tantas veces lo «novelesco» queda equiparado (incluso en el lenguaje extraliterario) a lo argumentalmente complicado, rico en enredos, intrigas y misterios; he aquí cómo, en el «nouveau roman», asistimos a su destrucción bajo capa aparentemente «novelesca».

Con todo, me atrevería a sugerir que una de las posibles causas de esa vinculación «nouveau roman»-novela policíaca, viene dada por las características de la segunda especie, entendida en la forma que pudiéramos llamar clásica. (Me refiero a la novela policíaca como enigma, la de misterio, y no a ciertas modalidades modernas en las que ya no cuentan apenas los elementos tradicionales del género: el crimen con autor desconocido, el detective, la solución.) Pues, efectivamente, si bien se considera lo que ocurre en esas novelas policíacas que he calificado de clásicas —las tan populares de Conan Doyle, Agatha Christie, Van Dine, Edwin y Mona Radford, Dorothy L. Sayers etc.—, es que sus lectores *saben* que siempre van a leer la misma historia, la caracterizada por la ineludible presencia de los elementos antes citados. Lo que varían son las complicaciones manejadas por el novelista a propósito del misterio: lugar del crimen, circustancias del mismo, número y calidad de los sospechosos, condición del investigador... Según el género fue creciendo, sus cultivadores hubieron de ir aguzando el ingenio para —por ejemplo— encontrar nuevas y sorprendentes variaciones del crimen cometido en un lugar herméticamente cerrado —el tema del *cuarto amarillo* de Gastón Leroux—, o para hacer del asesino el que menos cabría sospechar —por este camino se ha llegado a las más absurdas ocurrencias, como la de convertir al lector en víctima (así en un ingenioso cuento de Cortázar) e incluso en asesino; curiosa variación del «vous» de Butor en *La Modification*— etc.

Parece claro, pues, que la novela policíaca se caracteriza, en cuanto especie narrativa, por la presencia de un esquema argumental que *es siempre el mismo*. El lector del género (repito, en su modalidad clásica) sabe de antemano qué es lo que va a ocurrir en la nueva obra que se dispone a leer: sabe que habrá un crimen, unos sospechosos, una investigación, un asesino. Con ese esquema cuenta siempre, y no sólo no le importa saber que se repetirá una y otra vez en todas las novelas policíacas que va leyendo, sino que, por el contrario, de no encontrarlo se sentirá defraudado, estafado. Lo que a ese lector le interesan son las *variaciones* dables dentro del tan repetido esquema, pues si la solución de un crimen se parece demasiado a la de otro conocido ya, la novela habrá perdido buena parte de su interés. De ahí que los cultivadores del género se hayan visto forzados a retorcer su ingenio y a discurrir los más inverosímiles crímenes y las más chocantes soluciones (las novelas de Dickson Carr son muy significativas a ese respecto). Esos novelistas cuentan con un «pattern» ya dado. Y si esto en cierto modo facilita su tarea (no tienen que inventar ninguna estructura, ninguna historia nueva); por otro lado la complica, ya que de su habilidad dependerá el que un argumento tantas veces contado, siga poseyendo interés suficiente como para captar al lector situado frente a él. Y téngase en cuenta que se trata de un especial tipo de lector; un lector, por así decirlo, especializado, con todas las exigencias que ello supone. (Pues no hay que creer demasiado en esa tan difundida imagen del lector de novelas policíacas como un ser siempre elemental, dispuesto a aceptarlo todo, carente de sentido crítico. Ya he advertido que lo que no siempre aceptará es la repetición de las *variaciones*, cuando conozca éstas.)

Una conclusión parece, pues, imponerse: la novela policíaca, antes que una especie literaria, es, sobre todo, una *estructura*. Tan nítida, tan clara, tan —en cierto modo— fijada para siempre, que dudo exista ninguna otra modalidad literaria comparable a ella en tal aspecto. La estructura de la tragedia —por citar una que suele parecer bastante rígida— es, comparada con la de la novela policíaca, mucho más flexible. Una novela histórica quedará siempre definida por unos determinados aspectos que la diferencian de otras modalidades novelescas; pero, de hecho, no posee la *fijación estructural* que es propia de la novela policíaca. (En el género de la novela histórica caben las más dispares estructuras. Compárense, por ejemplo, la de *Quo vadis?* de Sienkiewicz, y la de *Los Idus de Marzo* de T. Wilder.)

Las peculiaridades de la novela policíaca han movilizado, en ciertas ocasiones, el interés de los intelectuales —Roger Caillois, Borges—, pues a nadie puede ocultársele la importancia del género como fenómeno social.

Para Roger Caillois, la novela policíaca es algo que se escapa ya del ámbito de la literatura para configurarse como pasatiempo, jeroglífico, problema. (Lo cual no supone que se trate de algo tan irrescatable literariamente. Chesterton, Borges, Bioy Casares prueban suficientemente que también cabe hacer buena y verdadera literatura en lo policíaco.)

Una novela policíaca quedaría entonces equiparada al problema de ajedrez, al jeroglífico, a las palabras cruzadas que encontramos en el periódico. Son *estructuras* que se repiten. (El casillero de ajedrez es siempre el mismo. Lo que varía es la posición de las figuras en el problema.) Y es justamente su repetición lo que gusta al descifrador de jeroglíficos o problemas, al lector de novelas policíacas. (Es más, yo diría que al puritano lector del género puede llegar a molestarle una excesiva frondosidad literaria, como si se tratara de ornamentaciones ajenas a la escueta fórmula del problema.)

La concepción del libro como juego ha sido señalada con agudeza por M. Beaujour, a propósito de la influencia ejercida en la reciente novelística francesa por ciertos autores extranjeros: «Wladimir Nabokov, conocido hasta hace poco únicamente como el licencioso autor de *Lolita,* es hoy día mucho mejor leído, y se comprende hasta qué punto su concepción del libro y del juego está cerca de los autores franceses. Pero es sobre todo Jorge Luis Borges quien se ofrece como maestro de los laberintos, de las bibliotecas circulantes y del libro capaz de engendrar un mundo; él marca también el límite de lo que los franceses pueden intentar sin caer en el plagio».[20]

Un libro como juego (como adivinanza, jeroglífico) es casi una definición de la novela policíaca, y el hecho de que Beaujour cite el caso de Borges —tan interesado, junto con Adolfo Bioy Casares, por ese género cultivado por ambos y representado en la colección «El séptimo círculo» por ellos fundada y dirigida— resulta enormemente significativo. Por eso a Beaujour tampoco se le oculta la clara relación perceptible entre novela policíaca y «nouveau roman»: «Estas técnicas convienen igualmente bien a todas las formas de la inquisición y la pesquisa: a la encuesta obstinada, a la vigilancia, sea la del

20. M. Beaujour, art. cit. en *La nueva novela europea,* pp. 95-96.

celoso al acecho de la traición, sea la del policía o el criminal al acecho de su presa: *La Jalousie* de Robbe-Grillet (después de *Les gommes*, calcada a un cierto nivel, sobre la novela policíaca clásica), *Le maintien de l'ordre* (1962) de Claude Ollier, y *L'Inquisitoire* (1962) de Robert Pinget, crean un mito policíaco que se relaciona, por una parte, con el universo cinematográfico y, por otra, sumerge sus raíces en la turbulenta atmósfera política de los años que conocieron el fin de la guerra de Argelia».[21]

Tras todo esto, creo que cabe formular la siguiente suposición: ¿No parece justo explicar el acercamiento del «nouveau roman» a la novela policíaca, por lo que ésta tiene de *estructura*? ¿No les interesa a los cultivadores del «nouveau roman» —y sobre ello tendremos ocasión de volver— el acabar con la trama y el análisis psicológico a la manera tradicional, para, en lugar de todo eso, ofrecer al lector el puro juego de unas *estructuras*, cuya eficacia reside en sí mismas, sin más trasfondo?

Roland Barthes ha analizado en tal sentido el «nouveau roman» y especialmente las obras de Butor, sobre todo *Mobile*: «Michel Butor ha concebido sus novelas como una única y misma investigación estructural cuyo principio podría ser el siguiente: al *tantear* entre sí fragmentos de hechos, nace el sentido, al transformar incansablemente estos hechos en funciones, la estructura se edifica».[22]

Las más significativas obras del «nouveau roman» son aquellas que aspiran a sostenerse estéticamente por virtud de las *estructuras*, con abdicación y prescindencia —¿teóricas?— de cuanto pudiera *entenderse* tras ellas. Se diría que entre los novelistas ha cundido la misma obsesión que ya se había dado entre los músicos y los pintores: la no figuración, el no descri-

21. Ibíd., p. 97.
22. BARTHES, ob. cit., p. 224.

bir, retratar, contar. Parece como si, en la novela, se intentaran conseguir los mismos efectos de la pintura no figurativa: el cuadro no tiene por qué significar nada ajeno a él mismo. Todo su significado estético viene dado por la disposición de unas líneas y colores dentro de él, en el espacio acotado por sus bordes. La sobrevaloración de la *estructura* en la novela parece tender a lo mismo. Es obvio que al no poder prescindir el novelista del lenguaje —y de ahí las consideraciones sobre el llamado «grado cero» de la escritura—, ha de manejar por fuerza unos elementos significantes, quedando, pues, en desventaja frente al pintor abstracto.

Al cultivador del «nouveau roman» le gustaría posiblemente obtener los efectos conseguidos por éste, el pintor abstracto; y por eso Roland Barthes relaciona frecuentemente el arte literario de Butor con el pictórico de Mondrian. En la búsqueda de esos efectos, la *estructura* parece desempeñar un importante papel. Y por supuesto, en la búsqueda de la que casi podríamos llamar *estructura por antonomasia, estructura narrativa en pureza,* nos sale al paso en seguida —¿es lo que les ha ocurrido a los autores del «nouveau roman»?— la propia de la novela policíaca.

La atención prestada a una especie literaria tenida por muy modesta (cuando no infraliteraria), quizá parezca excesiva. No debería resultarlo en el contexto en que nos movemos, ya que la nítida delimitación estructural del relato policíaco, confiere a éste, singular interés en cualquier investigación de estructuras.

Ya se verá más adelante, cuando comparemos la estructura novelesca abierta con la cerrada.

5. Sentido estructural del desorden cronológico

Ahora parece conveniente volver a la cuestión del desorden cronológico, como característica estructural de muchas novelas actuales. A primera vista, pocas estructuras novelescas cabría encontrar más desordenadas que, por ejemplo, las de *La Route des Flandres* de Claude Simon, o *La maison de rendez-vous*, de Robbe-Grillet. Y sin embargo, como ha visto bien Jean Mistler, se trata sólo de un truco, de una simulación, de un ordenadísimo desorden. A este respecto señala Mistler cómo Robbe-Grillet «ha escrito sus novelas como aplicaciones de teoremas por él propuestos; pero esto prueba, tal vez, que este hombre inteligente es más bien un ingeniero que un novelista». En cuanto a Claude Simon, él mismo nos ha dado —y no sin ironía, señala Mistler— detalles sobre su manera de trabajar, utilizando para no perder la pista a sus barajados temas, tinta roja, verde, azul. «Wagner ya lo había hecho, a los 18 años, en la partitura de su sinfonía, pero la policromía es totalmente independiente de la polifonía y, en el caso de la novela, hay un cierto abuso por parte del autor en esconder al lector el hilo de Ariadna que él mismo ha utilizado.»[23]

Uno podría preguntarse —o preguntarle al novelista manipulador de tales procedimientos— a qué viene todo eso, cuál es su sentido; si aceptamos unas motivaciones más altas que las de querer estar *à la page* en lo que a novedades técnicas se refiere. Pues hay casos —el ya citado de Faulkner, por ejemplo— en los que no parece justo dudar de la honestidad, de la sinceridad del narrador al servirse del desorden cronológico como

23. Jean Mistler, *Y a-t-il un nouveau roman?*, en «Les Nouvelles Littéraires», n.° 1757, mayo, 1961.

de una expresión poco menos que exigida por la que casi podríamos llamar su «poética novelesca».

En cierto modo, algunas de esas respuestas —las que los novelistas podrían dar, pero cuya validez no siempre nos parece incontrovertible— se encuentran en ciertos ensayos y hasta manifiestos escritos por los propios cultivadores del «nouveau roman», v. gr., *L'ère du soupçon* de Nathalie Sarraute, y sobre todo, *Pour un nouveau roman*, de Alain Robbe-Grillet.

Por su parte, si bien de forma un tanto irónica, Julio Cortázar, por boca del Morelli de *Rayuela*, tiene también ocasión de lanzar su manifiesto o su «poética» de la «nueva novela». Así, en el capítulo 99 se dice que «Morelli es un artista que tiene una idea especial del arte, consistente más que nada en echar abajo las formas usuales, cosa corriente en todo buen artista. Por ejemplo, le revienta la novela rollo chino. El libro que se lee del principio al final como un niño bueno. Ya te habrás fijado que cada vez le preocupa menos la ligazón de las partes, aquello de que una palabra trae la otra... Cuando leo a Morelli tengo la impresión de que busca una interacción menos mecánica, menos causal de los elementos que maneja; se siente que lo ya escrito no condiciona lo que está escribiendo, sobre todo que el viejo, después de centenares de páginas, ya ni se acuerda de mucho de lo que ha hecho».

«—Con lo cual —dijo Perico— le ocurre que una enana de la página veinte tiene dos metros cinco en la página cien. Me he percatado más de una vez. Hay escenas que empiezan a las seis de la tarde y acaban a las cinco y media. Un asco.»

El burlesco quebrantamiento del orden cronológico, el gusto por los olvidos deliberados (y aquí cabría recordar algunos, involuntarios, bien conocidos y comentados, de Cervantes en el *Quijote*) definen toda una actitud frente a la novela, y un propósito de modificación de las estructuras tradicionales.

Pero prescindiendo de los casos particulares, pienso que,

considerado el desorden cronológico como fenómeno muy característico de la novela contemporánea, cabría buscar algunas motivaciones de índole general, aclaradoras del mismo. Por un lado, la ya apuntada, del deseo de tantos narradores actuales de diferenciar sus novelas de las de tipo tradicional. Si en éstas lo normal era la ordenada disposición cronológica de los hechos narrados, se comprende fácilmente que el quebrantamiento de tal orden constituye, por sí solo, un muy ostensible rasgo diferenciador; un aviso, dirigido a lectores ingenuos, de que lo que tienen en sus manos es, a todas luces, una *novela moderna.*

Por otro lado, pienso que un rasgo diferenciador conseguido a expensas de la estructura narrativa, equivale a una manifestación de interés por la misma. Y ésta me parece, en el contexto que nos viene ocupando, una causa mucho más relevante y significativa que otras que pudiéramos apuntar.

Posiblemente los novelistas mejor dotados de todos los tiempos han sentido interés (técnico, podríamos decir, o mejor aún, estético) por las estructuras narrativas manejadas. Ya hemos citado casos tan expresivos, a este respecto, como el de Cervantes o el de Sterne. Pero yo me atrevería a decir que, en nuestro siglo, ese interés se ha ido agudizando cada vez más, quizás como una consecuencia del refinamiento que en las técnicas novelescas tuvo lugar hacia 1925, como Ortega y Gasset apuntó en sus *Ideas sobre la novela.* No procede resumir aquí los conceptos contenidos en un ensayo harto leído y difundido. Recuérdese solamente que, para Ortega, el agotamiento de los temas novelescos funcionaba como causa determinante del interés de los escritores por otros aspectos que no eran ya temáticos: el ahondamiento psicológico, la perfección formal.

Acéptese o no la tesis de Ortega, creo que cualquier lector que conozca suficientemente la más significativa novela europea y americana de nuestros días, admitiría sin demasiada discusión que el virtuosismo técnico es, muy frecuentemente, uno de los rasgos más característicos del género.

El *cómo* ha de contarse la serie de hechos de que se compone una novela, la distribución y ordenación de los mismos, la —en definitiva— determinación de la *estructura* narrativa, es algo de que tiene hoy conciencia más agudamente que nunca, cualquier novelista responsable. A esta luz, no parece demasiado atrevido suponer que el desorden cronológico supone un *modo* de enfoque estructural, una manera más o menos hábil, o torpe —según los casos— de hacernos ver el novelista que a él no se le ocultan los valores expresivos, emocionales, estéticos, de lo que es fundamentalmente *estructura novelesca*: distribución, ordenación, de cuanto ha de quedar alojado en el relato.

Luego están las razones particulares, aquellas ligadas ya al personal temperamento de cada novelista, o a la índole y textura de cada novela. Pero posiblemente en la mayor parte de los casos, a despecho de la variedad de motivaciones, el desorden cronológico parece funcionar siempre como un subrayado: el de una obsesiva atención hacia la estructura.

12

ESTRUCTURAS PERSPECTIVÍSTICAS

1. Henry James y el «punto de vista»

El trastrueque de planos temporales no es, desde luego, un fenómeno exclusivo del género «novela», pero dudo de que en ningún otro se dé con la misma frecuencia e intensidad. En el teatro todos recordamos una obra bien significativa de Priestley, *La herida del tiempo*. Sabido es que el impresionante efecto dramático que la obra entraña, viene dado por el simple hecho de haber trocado Priestley el orden de los dos últimos actos, convirtiendo en tercero el segundo, y cerrando la obra con éste. De tal forma, al producirse el salto atrás, vemos aún vivos y llenos de ilusiones a algunos personajes que —según sabemos por el acto segundo— o han muerto o son unos fracasados. La eficacia dramática del recurso es tan innegable como limitada. Si algún otro autor dramático lo utilizara, por muchas variantes que quisiera introducir, siempre parecería un plagiario o imitador de Priestley.

En la novela, en cambio, no parecen darse tales limitaciones, por virtud, precisamente, de su libre estructura. Ella explica suficientemente todos los juegos y experiencias que hemos venido reseñando, tanto en lo que se refiere a los modos verbales, como a los tiempos y a las personas. Las variadas estructuras que de tan complejo entramado dependen, suelen remitir siempre, de una manera u otra, a la posición del novelista frente a lo que novela.

Sobre esto han quedado ya dichas algunas cosas, pero no todas. Nos falta por examinar, efectivamente, una muy interesante estructura novelesca determinada por la *sui generis* inhibición del narrador como tal, al abdicar de su punto de vista —el del tradicional narrador omnisciente— en favor de los de sus personajes. El resultado vendría a ser una estructura casi calificable de perspectivística.[1]

Ya al hablar de la estructura calificable de dramática, y de los peculiares acercamientos de lo narrativo a lo teatral, tuvimos ocasión de recordar cómo fue Henry James uno de los autores que más se distinguieron en tal empeño. El rechazo del punto de vista del narrador —como punto de vista único, el propio de la condición omnisciente de ese narrador tradicional— trajo como consecuencia la pluralización del mismo, en forma de diversos puntos de vista, correspondientes a otros tantos personajes del relato.

Categoría de texto clásico tiene, en tal aspecto, el prefacio que Henry James escribió para su novela *The Portrait of a*

---

1. Sobre el concepto de «perspectivismo literario» me permito remitir al lector a otras publicaciones mías, especialmente los libros *Perspectivismo y contraste* (*De Cadalso a Pérez de Ayala*), Gredos, Madrid, 1963 y *Temas, formas y tonos literarios*, en la col. «El Soto» de Ed. Prensa Española, Madrid, 1972, en el que se incluyen estudios sobre el perspectivismo literario de Gracián, Feijoo y Ganivet. Vid. asimismo *Visualidad y perspectivismo en las «Empresas» de Saavedra Fajardo*, en «Murgetana», n.º 31, 1969; *Perspectivismo irónico en Galdós*, en «Cuadernos Hispanoamericanos», 250-251-252, enero, 1971; y *La «perspectiva cambiante» en Galdós* en *Homenaje a Casalduero*, Gredos, Madrid, 1972.

Para un más amplio planteamiento de la cuestión, me ha sido concedida una ayuda de investigación —que deseo agradecer en estas líneas— por el Ministerio de Educación y Ciencia.

Lady. En él considera que «the house of fiction» no tiene una ventana, sino un millón, «every one of which has been pierced, or is still pierceable, in its vast front, by the need of the individual vision and by the pressure of the individual will». Esas aperturas o ventanas son de distintos formatos y tamaños, y todas ellas se abren sobre «the human scene». El punto elegido para contemplar, determinará un recorte de lo contemplado, una limitada visión. Varios individuos contemplando una misma escena obtendrán diversas visiones, según las diferentes perspectivas. Para James, la escena humana es la «choice of subject», la elección del tema; la apertura —amplia o estrecha, situada arriba o abajo— desde la que se contempla, es la «literary form».[2]

En los prefacios puestos por James a sus novelas, entre los años 1907-1909, se ve cómo el autor estaba obsesionado por encontrar un *centro*, un *foco* para sus relatos. Creyó encontrar la solución al enmarcar la acción novelesca dentro de la conciencia de alguno de sus personajes. En vez de contarnos una historia tal y como la conoce el narrador omnisciente, James cree preferible trasladar ese conocimiento a algún personaje.

Según N. Friedmann, dos años antes de que James teorizara sobre el «point of view» en sus prólogos, Selden L. Whitcomb en una obra titulada *The Study of a Novel* (1905) dedicó un apartado a este tema: «The Narrator. His Point of View»; en el que señala cómo la unidad de un pasaje o de un argumento depende grandemente de la claridad y fijeza de la posición del narrador.[3]

Dado que el problema del narrador no es otro —señala Friedmann— que el transmitir adecuadamente su relato al lector,

2. Vid. prefacio a *The Portrait of a Lady*, incluido en *The Art of the Novel. Critical Prefaces*, de Henry James, con una introducción de Richard P. Blackmur, Charles Scribner's Sons, Nueva York, 1934, pp. 40 y ss.

3. N. Friedmann, *Point of View. The Development of a Critical Concept*, en la cit. ob. de Murray, p. 148.

podrían establecerse las siguientes cuestiones: 1) ¿Quién habla al lector? (el autor en tercera o primera persona, algún personaje en primera persona, nadie aparentemente); 2) ¿Desde qué ángulo o posición se cuenta la historia? (Desde el centro, la periferia, etc.); 3) ¿De qué canales de información se sirve el narrador para hacer llegar la historia al lector? (Palabras del autor, pensamientos, percepciones, sentimientos, o palabras y acciones de los personajes); y 4) ¿A qué distancia queda la posición del lector, de la historia? (lejos, cerca).[4]

Según ese esquema, Friedmann va reseñando distintos modos o «puntos de vista» narrativos, comenzando con el que él llama «editorial omniscience», siguiendo luego con «neutral omniscience», «selective omniscience», «dramatic mode», etcétera; para llegar a la conclusión de que «la elección de un punto de vista es en la literatura de ficción (es decir, en la prosa novelesca) tan crucial, por lo menos, como lo es la elección de la forma del verso en la composición de un poema».[5]

2. PLURALIDAD DE PERSPECTIVAS

Pero aquí lo que nos interesa realmente es aquella estructura novelesca caracterizada por la intersección de varios «puntos de vista», no por la adopción de uno solo, sea el del narrador o el del protagonista. Se obtiene así, entonces, no un centro o un foco, sino varios, con la complicación y enriquecimiento dramático que ello supone, al ofrecerse al lector una

---

4. Ibíd., p. 152. Por su parte T. TODOROV, recogiendo una clasificación establecida por J. Pouillon, distingue varias «visiones de la narración»: 1) Narrador > personaje (la visión «por detrás»); 2) Narrador = personaje (la visión «con»); 3) Narrador < personaje (la visión «por fuera»). (*Literatura y significación*, pp. 99 y ss.)

5. Ibíd., p. 165.

acción filtrada a través de diversas conciencias, cambiante y hasta contradictoria según el «punto de vista» adoptado.

Benito Varela compara el efecto de las novelas así construidas con «los procedimientos pictóricos del cubismo: los elementos de la realidad se rompen, se descomponen ante el enfoque polivisional. Pero al superponerse tienen que ensamblarse».[6] Puede que, efectivamente, sea ése el efecto suscitado por las novelas de «estructura perspectivística». Pero me pregunto si el ensamblaje de que habla Varela es siempre posible, o si, por el contrario, en algunas de esas novelas lo que se pide al lector no es tanto que reconstruya una historia a través de las diferentes versiones de la misma, como que la destruya, según cabe observar en algunas obras del «nouveau roman» en las que se utiliza tal disposición narrativa, como la ya citada *L'Échec de Nolan* de Claude Ollier. Quiero decir que los «puntos de vista» ofrecidos pueden ser tan polarmente opuestos, tan contradictorios, como para impedir que de su convergencia o ensamblaje resulte nada congruente.

Para Benito Varela serían ejemplos de lo que él llama «enfoque narrativo múltiple», el *Ulysses* de Joyce con la triple visión de Dedalus, Bloom y su esposa; *Triángulo* de Maurice Baring, en donde un mismo problema religioso y sentimental es analizado desde tres puntos de vista narrativos; *El fin de la aventura* de Graham Greene; *La sibila* de Lagerkvist; *En la ciudad* de Faulkner; *Tres pisadas de hombre* de Antonio Prieto; *El fulgor y la sangre* de Aldecoa; *La enferma* de Elena Quiroga, etc.

Por más que esas estructuras parezcan haber nacido con la novela actual, y a partir sobre todo de las teorías de Henry James, la verdad es que anticipos de las mismas pueden encontrarse en la novela tradicional. Convendría distinguir, a este

6. BENITO VARELA JÁCOME, *Renovación de la novela en el siglo XX*, Destino, Barcelona, 1967, p. 37.

respecto, las novelas estructuradas por una sucesión de relatos cuyos narradores son, a la vez, sus protagonistas —y éste sería el caso de *Tres pisadas de hombre* de Prieto—, de aquellas otras en las que los narradores no desempeñan categoría protagonística (al menos todos y cada uno de los narradores) y se limitan a actuar como testigos que cuentan algo por ellos visto o conocido. En cierto modo ésta fue la estructura empleada por Emily Brontë en *Cumbres borrascosas*. Como Mark Schorer señala, tres generaciones se suceden a lo largo de esa historia novelesca, y a través de ellas —y de distintos puntos de vista— se nos ofrece el material narrativo.[7]

3. EL CASO DE WILKIE COLLINS

Especial interés ofrece asimismo dentro de la novelística inglesa del XIX el caso ya citado de Wilkie Collins. Sus dos extensas novelas *La dama vestida de blanco* y *La piedra lunar* se caracterizan por un extraordinario virtuosismo estructural. En ambas obras se sirvió Collins, con indudable habilidad, del mismo esquema: una complicada intriga, que se desarrolla a través de dilatados espacios y tiempos, nos va siendo ofrecida por medio de los sucesivos relatos de los distintos personajes que en la acción intervienen. Cada relato supone, pues, un «punto de vista», y Collins se preocupó bien de marcar los matices diferenciales —sexo, edad, cultura, temperamento— con los que él estimó procedimientos caracterizadores y lingüísticos adecuados. Cada narrador se expresa, pues, según su condición, su *humour*; y la pluralidad de tonos, de estilos, comunica al con-

7. MARK SCHORER, *Technique as Discovery*, en la cit. ob. de Murray, p. 79.

junto narrativo indudables atractivo y movilidad. En cierto modo —al menos para mí— estas dos novelas de Collins, pese a las limitaciones artísticas que derivan de su folletinesca temática, figuran entre los modelos calificables de clásicos en lo que se refiere a la estructura narrativa del «punto de vista».

La vigencia que en la época de Dickens —de quien fue amigo y colaborador, Collins— tenía la novela con personajes de tan fuerte trazado que casi equivalían a caricaturas —y algo o mucho de esto se percibe en *La piedra lunar* y en *La dama vestida de blanco*—, tuvo que influir favorablemente en la elección de tal estructura. Su empleo permitió a Collins, efectivamente, crear personajes de los entonces al uso, de una pieza, caracterizados por algún rasgo moral (y aun físico) predominante, por alguna manía, por algún «tic» o latiguillo en el hablar (por ejemplo, el obsesivo gusto de Gabriel Betteredge, en *La piedra lunar*, por citar pasajes del *Robinson Crusoe*). Cuando se permite al lector conocer a esos personajes desde dentro, y se le hace escuchar el rotatorio concierto del sucederse de sus voces —con estilos y tonos tan cambiantes— se le da (al lector de la época victoriana) justamente aquello que más solía agradarle: una acción —y por añadidura, una acción hecha de intriga, tensa y complicada— a través de unos personajes de inconfundible fisonomía, fácilmente entendibles y captables por ese lector.

Esto, por un lado. Por otro, está la naturaleza misma de la historia así narrada; el hecho de que sea una sinuosísima historia de intriga, de crimen, de misterio. En esa su sinuosidad parecía residir el poder de atracción de tales novelas. Collins, con indudable talento organizador, debió darse cuenta de que sus intrigas novelescas narradas linealmente y desde fuera, perderían buena parte del misterio (y por ende, del poder de atracción) que les confería, en cambio, esa otra ondulante estructura, suscitadora de un ritmo narrativo que no se acompasa al de la curiosidad del lector, y que, por lo mismo, la excita aún más, la mantiene en mayor tensión.

El perspectivismo manejado por Collins tiene algo de psicológico, pero no lo es fundamentalmente, porque tampoco sus novelas participan de tal carácter, si no es de manera indirecta y parcial. Lo que se nos ofrece no es tanto un enigma psicológico o moral —un mismo hecho puede admitir interpretaciones diversas y hasta opuestas, según las diferentes perspectivas desde las que es enfocado—, como un sencillo y tradicional enigma de tipo policíaco. Aun así, y aunque se trate de un artificio que, al ser empleado en dos novelas extensas, puede adolecer de cierto rígido convencionalismo, el ejemplo de Collins sigue pareciéndome uno de los que más interés ofrece, estructuralmente considerado. (Dentro de la moderna novela policíaca inglesa, *Documents in the case* de Dorothy Sayers, de estructura fundamentalmente epistolar, supone un relativo eco de la fórmula de Collins.)

Y fuera ya del género policíaco, en la actual novelística inglesa, Frederick R. Karl cita como ejemplo de obra construida con los relatos de varios personajes-narradores la de Philip Toynbee —hijo del famoso historiador— titulada *Prothalamium* (1947); integrada realmente por dos novelas, *A Cycle of the Holy Graal* y *The Garden to the Sea*. «La primera de estas novelas —dice Karl— aporta una innovación a la secuencia narrativa: los narradores, ocho en total, aparecen uno tras otro, recitan su papel, y desaparecen para dar paso al narrador siguiente. Lo que cada uno relata se superpone a lo que le precedió y a lo que le seguirá. Algunos de los narradores no están presentes en determinadas escenas y, en consecuencia, se produce una laguna en este momento de la narración. Cuando todos han soltado su discurso, acaba la novela.»[8]

8. FREDERICK R. KARL, ob. cit., p. 25.

Caso distinto y en cierto modo más complejo, es aquel en que los diversos narradores dan lugar a otras tantas novelas, de tal forma que cada una de ellas supone el relato de un narrador-protagonista distinto del de las otras, por más que todas ellas recojan parciales aspectos de una misma historia o hechos. Ésta es la compleja estructura de que se sirvió·Joyce Cary en su trilogía novelesca: la integrada por *La boca del caballo* —con Gulley Jimson como narrador-protagonista—, *Sorprendida* —con el relato en primera persona de Sara Monday— y *El peregrino,* cuyo protagonista y narrador es Tom Wilcher. Las tres novelas —señala Freedman— constituyen diferentes aspectos de un mismo drama visto por varias personas, cuyas visiones diferenciadas —incluso en el estilo narrativo— de idénticas circunstancias refuerzan la complejidad de la obra.[9]

El ya estudiado *Cuarteto de Alejandría* de Durrell participa de esta estructura perspectivista. Cada una de las cuatro novelas —*Justine, Balthazar, Mountolive, Cléa*— supone una perspectiva distinta. «Tal cambio de óptica —señala R.-M. Albérès— contiene en sí mismo su interés. ¿No se desearía, en *À la recherche du temps perdu,* leer una carta de M. de Charlus donde él describiera, desde su punto de vista, al narrador Marcel?»[10]

La clave del perspectivismo del *Cuarteto* vendría dada —dice Albérès— por aquel pasaje de *Justine* en el que ésta, en casa de su modista, se ve reflejada en varios espejos simultáneamente: cinco imágenes distintas [en cuanto al escorzo] de la misma persona —dice Justine—. Si yo fuese escritor, intentaría describir así a un personaje, con una especie de visión prismática.

De esta idea nacieron los cuatro espejos del conjunto novelesco.[11]

9. RALPH FREEDMAN, *La novela lírica,* ed. cit., p. 29.
10. R.-M. ALBÉRÈS, *Métamorphoses...,* p. 107.
11. Ibíd., p. 113.

4. PERSPECTIVISMO PROUSTIANO

Aunque Albérès eche de menos en la *Recherche* un efecto equivalente al manejado por Durrell, la verdad es que en el gran ciclo proustiano hay no poco perspectivismo, como el propio Albérès parece reconocer al decir: «Lo que Proust sugiere es que nadie puede hacer un retrato del duque de Guermantes o de Saint-Loup o de Albertina. Porque ha habido, en el Tiempo, muchos Saint-Loups o Albertinas, que han variado: a la vez en sí mismos y también en la imagen que nosotros nos hacemos de ellos».[12]

A ese perspectivismo proustiano ha dedicado Louis Bolle un importante libro, *Marcel Proust ou le complexe d'Argus* (1967). En él considera que muchas de las contradicciones perceptibles en la *Recherche* se anulan como tales, a la luz de ese procedimiento. Si Henry James, en el prefacio a *The Portrait of a Lady*, describió la casa de la ficción («the house of fiction») como dotada de muchísimas ventanas (las casi innumerables puntos de vista, los 5 000 000 de maneras de contar una historia, que James decía), Bolle parece hacerse eco de tal imagen al recordar el episodio de «la conjoction de Jupien et de Charlus», que el narrador contempla consecutivamente a través de tres ventanas diferentes.

Se comprenderá ahora mejor, cree Bolle, lo que significan los juegos ópticos provocados por tantos instrumentos, por ventanas, por puntos de vista. La estructura misma de la obra refleja la búsqueda proustiana, como los cuadros de los pintores del Renacimiento encarnan su preocupación perspectivista. Proust dispone su obra en cuadros, en predelas o pane-

---

12. Ibíd., p. 79.

les que deben, desde un cierto punto de vista, llegar a ser reflectantes los unos de los otros, o al menos, capaces de constituir un panorama en profundidad, una catedral de cuatro dimensiones.[13]

Para Bolle es, pues, la de la *Recherche*, una estructura calificable de perspectivista, hasta el extremo de llevarle a establecer una comparación con las matemáticas. En esta ciencia la noción de «perspectiva» —recuerda Bolle— está también ligada (como en Proust) a la de estructura. Los geómetras del siglo XVIII, Desargues particularmente, al estudiar el campo de la geometría proyectiva han puesto en evidencia una estructura: la invariabilidad (*invariance*) proyectiva. Por otra parte Möbius, entre los geómetras modernos, ha distinguido estructuras derivando unas del punto de vista global, otras de un punto de vista local. Así, la famosa superficie que lleva su nombre, posee una estructura unilateral, pero puede dividirse en trozos de estructura bilateral.

Relaciona asimismo Bolle el perspectivismo de Proust con el monadismo de Leibniz, y llega a la conclusión de que la perspectiva como tema domina el pensamiento contemporáneo, tanto en Nietzsche y en los fenomenólogos, como en ciertos teorizadores del arte y, sobre todo, de la novela: Henry James, Percy Lubbock, Sartre, Butor, Robbe-Grillet. En lo que a Leibniz se refiere, le parece a Bolle que el párrafo 57 de la *Monadología* anuncia ya todas las descripciones perspectivistas de Proust: «Y así como una misma ciudad mirada desde distintos sitios parece distinta, y se multiplica perspectivísticamente, de la misma manera sucede que, por la multitud infinita de sustancias simples, hay como otros tantos diferentes universos, que sin embargo, no son otra cosa que las pers-

---

13. LOUIS BOLLE, *Marcel Proust ou le complexe d'Argus*, Grasset, París, 1967, p. 28. Vid. asimismo el capítulo II, *Points de vue et perspectives*, de la ob. cit. de TADIÉ, *Proust et le roman*, pp. 34 y ss.

pectivas de uno solo según los diferentes puntos de vista de cada mónada».[14]

Transcribe Bolle un pasaje de una entrevista que Elie-Joseph Bois hizo a Proust, publicada en *Le Temps* en noviembre de 1913, y en la cual el gran escritor aludía a un perspectivismo de índole claramente psicológica, relacionable con el procedimiento del «point of view», tal y como lo presentó teóricamente Henry James, y según lo realizó en unas novelas de las que se deseaba eliminar, en lo posible, al autor omnisciente.[15] Decía Proust en 1913: «Comme une ville qui, *countournée*, nous apparaît tantôt à notre droite, tantôt à notre gauche, *les divers aspects qu'un même personnage* aura pris aux yeux d'un autre, au point qu'il aura été comme des personnages successifs et différents, *donneront* —mais pour cela seulement— *la sensation du temps écoulé*. Tels personnages se révéleront plus tard différents de ce qu'on les. croira, ainsi qu'il arrive bien souvent dans la vie du reste».

Bolle considera que este texto prefigura incluso las peregrinaciones infinitas, el ir y venir de los personajes del «nouveau roman».[16] En la *Recherche* el episodio más relacionable, quizá, según estudia inteligentemente Bolle, con las líneas transcritas, sea el de los campanarios de Martinville.

Con referencia al punto de vista del narrador, Bolle considera que éste en la *Recherche*, se confunde con la visión del novelista: «el punto de vista técnico es también el punto de vista verdadero».[17]

14. Ibíd., pp. 29 a 31. Conviene recordar el interés que Ortega y Gasset sintió siempre por Leibniz, al que dedicó uno de sus más importantes libros. De todos es conocida la trascendencia que, en el pensamiento filosófico orteguiano, tiene el *perspectivismo*. Sobre tal punto consúltese el libro de ANTONIO RODRÍGUEZ HUÉSCAR, *Perspectiva y verdad. El problema de la verdad en Ortega*, Rev. de Occidente, Madrid, 1966.

15. Sobre la relación James-Proust vid. la obra de BRUCE LOWERY, *Marcel Proust et Henry James*, Plon, París, 1964.

16. BOLLE, ob. cit., pp. 83-84.

17. Ibíd., p. 240.

En definitiva, y para no seguir resumiendo o transcribiendo pasajes de un libro, como el de Bolle, realmente importante en la última bibliografía proustiana (y tanto que, en otros capítulos, al estudiar otros aspectos estructurales de la novela actual, forzoso será volver a él), quede aquí constancia de la atención prestada en sus páginas al tema que nos ocupa: el perspectivismo concebido no como un recurso accidental, sino casi como la *estructura* misma del relato.

5. LA ESTRUCTURA PERSPECTIVÍSTICA EN LA NOVELA ACTUAL

Dentro de la novela francesa moderna cabría recordar asimismo el caso de André Gide.[18] La consideración de su perspectivismo ha llevado a Albérès a considerar que ciertos re-

18. Sobre el perspectivismo de Gide y su relación con el de Durrell y otros autores, véase lo que dice FREDERICK R. KARL en su cit. libro *La novela inglesa contemporánea*, pp. 63-64. Relaciona Karl la actitud del escritor francés en *Los monederos falsos* con la de Durrell en el *Cuarteto de Alejandría*, preocupados ambos «con el problema puramente técnico de la confección de una novela, y el hincapié que hace el autor sobre el espacio-tiempo y el sujeto-objeto no es otra cosa que una forma de hacer que la novela sea proteiforme y esté en constante desarrollo, para que el lector pueda juzgarla bajo diferentes aspectos. Durrell habla de la influencia que sobre él ha ejercido la ciencia y no cabe la menor duda de que hace generoso uso de la física de Einstein, como advertimos en su forma de tratar el elemento de continuidad espacio-tiempo. En este sentido, la teoría de la relatividad de Einstein, aplicada vagamente a la literatura y con carácter especial a la novela, hacía difícil al autor adoptar puntos de referencia determinados. Como quiera que los objetos cambiaban de aspecto físico, según la persona que los contemplaba, al novelista ya no le era dado aceptar las cosas tal como a él se le presentaban. La relatividad de las apariencias alcanzaba mayores proporciones, ya que todas las cosas (incluyendo el amor) vistas hasta entonces como algo fijo e inmóvil se observaban ahora en relación con las demás. Y el novelista, al tratar de hacer penetrar esta idea dentro del marco de su novela, tenía que mantener la historia en marcha constante, permitiendo que los personajes la contaran, cada uno a su manera, a fin de conseguir el contraste. Así fue como Joyce en *Ulysses*, Gide en *Los monederos falsos*, Conrad en *Nostromo*, y Virginia Woolf en *Las olas* captaron un mundo de relaciones fluidas... y no hay duda de que Durrell se encuentra en esta compañía»,

cursos gideanos —confusión de los puntos de vista, permitiendo proyectar sobre la materia viviente muchos proyectores en lugar de uno solo— parecen anunciar alguna novela de Butor, concretamente *Degrés* (1960), donde una serie de acontecimientos insignificantes y puramente rutinarios —algunas semanas en la vida de una clase en un liceo parisiense— son minuciosamente estudiados a través de los puntos de vista de personajes tan diferentes como alumnos y profesores.[19] Realmente Butor no hace sino contar, por tres veces seguidas, una misma historia sometida a ese juego perspectivista.

Desde James a nuestros días, apenas hay novelista responsable que no se haya preocupado por esta técnica. En las letras italianas, por ejemplo, aparte de alguna novela epistolar tan inequívocamente perspectivista como las *Cartas de una novicia* de Guido Piovene, resulta significativa, asimismo, la actitud de Cesare Pavese al aplicar el procedimiento de la multiplicidad de los puntos de vista en *La luna e il faló*, y al escribir en una nota de su *Diario*: «Niente è piú essenziale, cominciando un'opera, che garantirse *la ricchezza del punto di vista*... c'é un modo tecnico di comporre un punto de vista che consiste nel disporre vari piani spirituali, vari tempi, vari angoli, varie realtá...».[20]

En las letras inglesas, aparte de los ejemplos hasta ahora citados, cabría recordar alguna opinión interesante de Graham Greene. De la importancia que éste concede a la teoría del «punto de vista», da buena idea lo dicho por el propio autor a Ronald Matthews en uno de los diálogos con él sostenidos. Matthews le pregunta: «¿Tiene tanta importancia para usted el punto de vista desde el que se cuenta una historia?» Y Greene contesta: «En mi opinión puede tener una enorme importancia. El principal reproche que yo haría a los jóvenes escri-

---

19. R.-M. ALBÉRÈS, *Histoire...*, p. 173.
20. Cito a través de M. FORNI, ob. cit., pp. 119-120.

tores de hoy en día, es que no prestan la debida atención a la cuestión del punto de vista. Yo le he tenido constantemente ante mis ojos, y desde el principio. En este orden de ideas debo mucho a un libro que apareció cuando yo estaba todavía en Oxford, *The craft of fiction* de Percy Lubbock».[21]

Y en el que algunos críticos consideran «nouveau roman» inglés se da, en ocasiones, tal estructura. Así, la novela *Three* de Ann Quinn, se caracteriza, según señala Hélène Cixous, por un «caos emotivo canalizado por tres voces [...]. Ciertos elementos formales parecen extraídos incluso de la Sarraute y de Robbe-Grillet, en esta historia de una pareja que alimenta su aburrimiento, de recuerdos registrados en un magnetófono o con el diario íntimo de una tercera persona, una muchacha que se ha suicidado».[22]

Algo semejante se da en el equivalente alemán del tan traído y llevado «nouveau roman». Paul Conrad Kurz dice a este respecto: «En oposición a este narrar subjetivo y unilateral, una serie de autores de novela —se les llama comúnmente representantes del "nouveau roman" (en el ámbito de la lengua francesa, sobre todo, Alain Robbe-Grillet, Michel Butor, Nathalie Sarraute; en el alemán, Uwe Johnson, Peter Weiss, Otto F. Walter)— que persiguen la composición de un cuerpo narrativo y real lo más objetivo posible. Pintan un suceso novelesco que sobrepase la experiencia y la conciencia de una única figura. La descripción objetiva, el detalle, la investigación del verdadero estadio de cosas de un hecho, el cambio de los puntos de vista y perspectivas narrativas, la confesión de ignorancia, pasan a un primer plano».[23]

21. RONALD MATTHEWS, *Mon Ami Graham Greene*, Desclée de Bouwer, París, 1957.
22. HÉLÈNE CIXOUS, *La novela inglesa contemporánea*, en *La nueva novela europea*, p. 216.
23. PAUL CONRAD KURZ, *Metamorfosis de la novela moderna*, en *La nueva novela europea*, p. 34.

Recuerda Kurz el caso de la conocida película japonesa *Rashomon* (1950) con su cuádruple enfoque de un mismo hecho, y lo relaciona con el perspectivismo de algunas novelas alemanas actuales, en las que se pretende «iluminar un acontecimiento desde distintas perspectivas, y que, de acuerdo con el deber y la conciencia de las figuras que lo narran, sólo lo representa en fragmentos. Semejante narración a base de varios narradores y de los respectivos fragmentos de sus observaciones e interpretaciones, pretende objetivar el acontecimiento narrado frente al sucedido». En tal línea sitúa Kurz la novela de Uwe Johnson, *Mutmassungen über Jakob*. «Las "conjeturas" (Mutmassungen) son para el lector tan insatisfactorias, como un proceso que el fiscal tiene que sobreseer por falta de pruebas. La narración en la novela de Johnson comienza una vez que ha sucedido el acontecimiento decisivo. El ferroviario del centro de Alemania Jakob Abs, a la vuelta de una visita en la República Federal, encuentra la muerte al cruzar como de costumbre los raíles para dirigirse a su lugar de trabajo. La pregunta que ocupa al narrador es: ¿Por qué encontró la muerte? ¿Fue quizás algo menos y a la vez más que un accidente? ¿Fue el tropezón del venado acosado? ¿No podía, no quería Jakob prestar atención, toda vez que ya no veía ninguna posibilidad satisfactoria en la vida? La pregunta no es respondida por el narrador, sino rodeada desde distintos ángulos visuales. De ahí surge, a través de relatos, diálogos y monólogos interiores, un campo de realidad, el campo espacio-temporal en que vivió y murió Jakob Abs.»[24]

Realmente bastantes años antes de la novela de Uwe Johnson —que es de 1959— Clamence Dane, en las letras inglesas, ofreció en *La leyenda de Magdala Grey*, un ejemplo de tal técnica, al presentarnos a unos cuantos personajes charlando

24. Ibíd., pp. 42-43.

acerca de una mujer ya muerta, cuya personalidad nunca llegaremos a comprender del todo, y de la que únicamente nos son dados rasgos diversos a través de la conversación de esos otros seres. Claude Houghton, también en las letras inglesas, mostró siempre gran afición a este tipo de novelas con personajes no presentes, de los que se habla durante todo el relato, y que sólo al final aparecen.

En las letras españolas, aparte de *Tres pisadas de hombre* (1955) de Antonio Prieto —con la historia de un contrabando de esmeraldas, presentada a través de los tres sucesivos relatos en primera persona de sus protagonistas, Gad, Juan y Luigi—, cabría recordar *Gloria en subasta* (1964) de Alejandro Núñez Alonso. La vuelta a un pueblo mejicano del famoso pistolero Quico Balderas, crea entre todos los vecinos —amigos y enemigos— una enorme tensión. La historia nos es ofrecida desde diez perspectivas distintas (favorables o desfavorables a Balderas, según los casos), dando lugar a otras tantas versiones o relatos en primera persona, el último de ellos, y el que en cierto modo podría ser más irónicamente objetivo, el de un periodista.

6. SENTIDO DE LA ESTRUCTURA PERSPECTIVISTA

La estructura novelesca perspectivista funciona, muchas veces, como expresión de un mundo —el de nuestros días— en el que nada parece seguro o sólido, amenazado como está, por todas partes, de rupturas, cambios, sospechas: *la era del recelo*, como ha dicho Nathalie Sarraute.

Frente a la seguridad (relativa, por supuesto) del narrador tradicional, para quien no había secretos ni misterios en la vida y comportamiento de sus criaturas novelescas —considérese por ejemplo, la actitud de Dickens frente a las suyas, o la de Balzac—, el narrador de nuestros días gusta de acentuar lo que de misterioso, inaprehensible hay en toda existencia humana, referida a la de los demás, actuando las unas frente a las otras como esos cambiantes espejos de que hablaba Durrell.

Frente al orden y linealidad de las estructuras novelescas clásicas, las reiteraciones, los desplazamientos, los silencios, ambigüedades y versiones dúplices, triples, cuádruples y, en definitiva, multiplicables, que ofrecen las quebradas, zigzagueantes estructuras narrativas actuales. El manejo de las plurales perspectivas, de los diferentes puntos de vista, se configura así como uno de los más poderosos recursos de que puede disponer el novelista actual para expresar ese repertorio de inseguridades, de confusiones, de sospechas, recién apuntado.

No deja de ser enormemente significativo que la que aún sigue siendo obra maestra de todos los tiempos del perspectivismo novelesco, el *Quijote* cervantino, aparezca en un momento en que la sensibilidad impresionantemente moderna de su autor se orienta en tal sentido: el de la percepción de un mundo inseguro y hasta cruel, por el desajuste que existe entre lo que tal mundo es (o parece ser) y lo que nosotros pensamos o desearíamos que fuese. El humanísimo conflicto de Don Quijote suscitado por el superponer su perspectiva hecha de sueños caballerescos, de noble idealismo, a la del mezquino mundo que le rodea, adecuadamente captado desde la perspectiva de Sancho, da lugar al nacimiento de la novela moderna, como bien vio Ortega, y después de él no pocos críticos y teorizadores: v. gr., Lionel Trilling en las letras norteamericanas, el cual llegó a decir que todas las grandes novelas vendrían a ser variaciones del *Quijote*.

Al ocuparse John Henry Raleigh de la novela inglesa con-

temporánea, considera que «la experiencia humana es simultáneamente una pública pesadilla y un sueño privado. Y es
precisamente esta observación perspectivista sobre la vida del
hombre la que han tenido en cuenta los grandes novelistas,
desde Cervantes hasta Joyce».[25] *Finnegan's Wake* le parece a
Raleigh una obra enormemente representativa y relacionable con el *Quijote* cervantino, en cuanto a su índole perspectivista.[26]

Pero así como en el *Quijote* la voz del narrador —aun te-
ñida de ironía— se puede percibir siempre de manera más o
menos abultada; en no pocas de las novelas actuales caracterizadas por la estructura perspectivística, ocurre que su empleo ha venido determinado justamente por la considerada
necesidad o conveniencia estética de esconder, de silenciar tal
voz. En vez de ella encontramos la plural de esos narradores
que desfilan, por ejemplo, en *Prothalamium* de Philip Toynbee,
o en *Gloria en subasta* de Núñez Alonso, como antes lo hicie-
ran en las novelas de Wilkie Collins. Cuando el juego perspec-
tivístico, el enfrentamiento de los puntos de vista, se configura
tan ostensiblemente como en los ejemplos últimamente citados, nos damos cuenta de que el novelista reclama nuestra
atención de lectores hacia aspectos puramente estructurales;
lo cual guarda relación con todo lo que venimos apuntando
acerca de la importancia que tales aspectos han adquirido en
la moderna literatura narrativa. Recuérdese lo dicho acerca
del sentido que puede asignarse al «desorden cronológico», y
se verá que estamos (en lo que al plano de las estructuras se
refiere) frente a un caso en cierto modo semejante. Quiero decir
que, a veces, la pluralidad de perspectivas, el conocimiento
de unos hechos tal y como son interpretados y contados desde

25. JOHN HENRY RALEIGH, *The English Novel and the Three Kinds of
Time*, en la cit. ob. de Murray, p. 242.
26. Ibíd., pp. 251-252.

distintos puntos de vista, vienen a constituir otros tantos explícitos recursos con los que atraer la atención del lector hacia la estructura novelesca. De nuevo se nos hace ver que no sólo importa el *qué* (lo narrado), sino también —y mucho— el *cómo* (la estructuración y modo de presentar los hechos que componen el relato).

LA NOVELA, «ESCRITURA DESATADA»

1. ABOLICIÓN DEL TIEMPO

A propósito de la ya citada obra *Réflexions sur le roman* de Thibaudet, y de la importancia que éste supo conceder al tiempo como decisivo componente novelesco, ha podido decir Claudio Guillén (al aludir a los novelistas europeos de entre los años 1912 a 1930, aproximadamente): «Diríase que los novelistas, como el Monsieur Jourdain de Molière, por fin se hacen cargo de lo que hacen— manejar el tiempo».[1]

A raíz de ese descubrimiento, la crítica ha puesto su atención, con frecuencia, en aquellos aspectos formales que implican un concepto temporal de la composición o disposición narrativa. Precisamente desde que se contó con el tiempo, se han entendido y valorado mejor aquellos intentos novelescos que suponen algo así como su anulación. Tal es el sentido que informa estudios como el ya citado de Joseph Frank, con su determinación de una «forma espacial» en la novela moderna, dable en aquellos pasajes narrativos (o mejor, descriptivos) en los que se diría se ha producido una coagulación, una de-

---

1. CLAUDIO GUILLÉN, art. cit., p. 267.

tención del fluir del tiempo. Un ejemplo de «forma espacial» lo ofrece la famosa escena de los comicios agrícolas en *Madame Bovary*, caracterizada por una yuxtaposición de planos, de fragmentos descriptivos, tendentes a concitar un efecto de simultaneísmo. El lector avanza en la lectura de la descripción, pero esa progresión no coincide con la del tiempo novelesco; puesto que cada nuevo fragmento descriptivo que se le ofrece casi equivale a un salto atrás: se trata de un toque descriptivo que hay que superponer a los anteriores, para así conseguir una visión panorámica en la que se integran todas las parciales imágenes ofrecidas.

Esa técnica de espacialización —considera J. Souvage— fue llevada a su límite extremo por Joyce en su *Finnegan's Wake*: A través de sus 600 páginas se nos quiere dar a entender que cuanto en ellas se recoge corresponde a un instante; el hecho de que las palabras se sucedan en líneas y en páginas y que no puedan darse todas a la vez, es debido a las exigencias de las dimensiones, a las inexorables leyes de la existencia.[2]

Es en Proust donde Joseph Frank encuentra mejor manejada esa «forma espacial» que provoca una casi abolición del tiempo; ya que las impresiones del pasado, merced a la memoria involuntaria, llegan a fundirse con las del presente, borrándose, pues, los límites entre esos planos temporales.

En la última novelística cabría considerar como caso significativa el de *La Jalousie* de Alain Robbe-Grillet, obra que para Lucien Goldmann supone el intento más radical para conseguir la eliminación de todo elemento temporal. *La Jalousie* se sitúa en un presente continuo. De siete capítulos, cuatro comienzan con la palabra «maintenant».[3] También Jean Bloch-

2.   J. Souvage, ob. cit., p. 97.
3.   Lucien Goldmann, *Problèmes d'une sociologie du roman*, número especial de la «Revue de l'Institut de Sociologie» de la Universidad libre de Bruselas, 1963, p. 465.

Michel ha aludido a lo mismo, al decir que Robbe-Grillet en
La Jalousie «abolía el tiempo, puesto que construía su relato
como una especie de tornillo sin fin que da vueltas y sitúa constantemente al lector en un punto de partida».[4]

2. FLEXIBILIDAD ESTRUCTURAL DE LA NOVELA

Pero aun en estos casos, la pretendida abolición del tiempo
equivale a una paradójica afirmación de su importancia en la
organización de cualquier novela. Lo que ocurre es que al ser
ésta una especie literaria incluible entre las que Thibaudet llamaba «artes del tiempo libre», tal libertad temporal alcanza
en ella extremos superlativos: el empeño por abolir el tiempo
(mientras el lector tiene conciencia del que consume en la lectura) es uno de los más espectaculares.

De Proust a Butor —dice Albérès— la novela ha conquista-
do la libertad de composición. Pero tal libertad era en cierto
modo consubstancial a un género al que ya Cervantes en el
Quijote (capítulo 47 de la primera parte) pudo caracterizar
por su «escritura desatada». Ese no depender de ligámenes ni
de trabas, esa libertad estructural de la novela, es lo que da
lugar —como recordaba Cervantes por boca del canónigo toledano, y a propósito de los libros de caballerías— «a que el
autor pueda mostrarse épico, lírico, trágico, cómico, con todas
aquellas partes que encierran en sí las dulcísimas y agradables
ciencias de la poesía y de la oratoria».

Esa amplitud, ese ambicioso empeño que Cervantes asigna-
ba a los libros de caballerías (al menos, al *ideal* del género, tal
como el canónigo lo formulaba) se diría recogido hoy, en muy

---

4. J. BLOCH-MICHEL, *La «nueva novela»*, trad. de G. Torrente Ballester,
Guadarrama, Madrid, 1967, p. 33.

sui generis versión, por el alguna vez llamado «méta-roman»: «autobiografía, ficción, poema, ensayo, epopeya, ¿no son éstos los elementos de que está construido *Debajo del volcán* —se pregunta Bloch-Michel—, y no llamamos novela a la obra maestra de Malcolm Lowry por la única razón de que no pertenece a ninguna otra categoría conocida de las formas literarias? Es, quizás, un poema pero es algo más que un poema. Es un ensayo, pero quizá más que un ensayo es una autobiografía, pero que se supera a sí misma. Es, pues, una novela por la única razón de que no se le puede dar otro nombre».[5]

Por eso no le faltaba razón a Thibaudet al ver en el género novela una *summa*: «Tragedia, comedia, panfleto, política, música, historia, agricultura, lágrimas, risas, todo eso puede y debe sucederse en una novela».[6]

«Escritura desatada», libertad de composición, fluidez estructural. En esto parecen haber coincidido la mayor parte de los novelistas, críticos y teorizadores de la novela. Así, Henry James, en el prólogo de *The Ambassadors*, calificaba a la novela de «the most independent, most elastic, most prodigious of literary forms». André Gide, por boca del Édouard de *Los monederos falsos*, decía del «roman» que es «le plus livre, le plus *lawless*» de los géneros.

Al mismo carácter, extrema flexibilidad, ha aludido Roger Caillois al decir: «La novela no conoce límite ni ley, pues su terreno es el de la licencia. Su naturaleza consiste en transgredir todas las leyes y caer en cada una de las tentaciones que solicitan su fantasía. Tal vez no obedezca a mero azar que el desarrollo creciente de la novela en el siglo XIX haya coincidido con el rechazo progresivo de las reglas que determinan la forma y el contenido de los géneros literarios».[7]

5.   Ibíd., pp. 148-149.
6.   A. Thibaudet, ob. cit., p. 22.
7.   Roger Caillois, *Fisiología de Leviatán*, trad. de Julián Calvo y A. C. Jordana, Sudamericana, Buenos Aires, 1946, p. 219.

Este hecho de que la novela no respete ley alguna y parezca escapar de todo intento de rígida clasificación o delineación, explica bien la actitud de Baroja frente al género. En 1925 se sirvió del prólogo de *La nave de los locos* para dar una especie de amistosa réplica a las *Ideas sobre la novela*, de Ortega, no compartidas por el escritor vasco.[8] Éste defendía lo que él llamaba la «permeabilidad» de la novela, e incluía tal especie literaria entre los «oficios sin metro». Ello equivalía a reconocer que «en la novela apenas hay arte de construir». Tal consideración lleva a Baroja a decir seguidamente:

«En la literatura todos los géneros tienen una arquitectura más definida que la novela: un soneto, como un discurso, tienen reglas; un drama sin arquitectura, sin argumento, no es posible; un cuento no se lo imagina uno sin composición; una novela es posible sin argumento, sin arquitectura y sin composición.»[9]

«Esto no quiere decir —seguía argumentando Baroja— que no haya novelas que se puedan llamar parnasianas; las hay; a mí no me interesan gran cosa, pero las hay.»

«Cada tipo de novela tiene su clase de esqueleto, su forma de armazón, y algunas se caracterizan precisamente por no tenerlo, porque no son biológicamente un animal vertebrado, sino invertebrado.»

Es evidente que, al defender tal anarquía novelesca, tal libertad creadora, Baroja defendía al mismo tiempo sus propias creaciones, ejemplos de la máxima flexibilidad y permeabilidad, admirables casi siempre, pero muy próximas frecuentemente al socorrido cajón de sastre en el que todo cabe.

8. Sobre esto, vid. mi estudio *Discusión en 1925 acerca de la novela: Ortega y Baroja*, en *Proceso de la novela actual*, pp. 25 y ss.

9. El lector podrá observar que esta réplica de Baroja a Ortega se asemeja, en algún punto, a la actitud adoptada por Thibaudet frente al rigorismo de Paul Bourget. Se diría que la polémica sobre la «composición reglada» o la «libertad compositiva» de la novela, era algo que estaba en el aire literario europeo de los años veinte.

Para Baroja la novela, al igual que sus héroes predilectos, es la hija rebelde de la literatura, siempre en trance de revolución y siempre dispuesta a escapar de toda regla. Pero aunque así sea, y aunque los restantes géneros literarios tengan «una arquitectura más definida que la novela», ésta posee alguna, indefinida, invertebrada, todo lo fluida y escurridiza que se quiera, pero capaz de dar corporeidad literaria incluso a las más desordenadas formas narrativas. El cajón de sastre al que hace un momento aludía, podrá parecer mejor o peor, según los casos, según las obras y los autores, pero no deja de ser una estructura, aunque esté hecha con retazos de otras, precisamente por no caer de forma definida en ninguna de ellas.

Lo que ocurre —y esto lo vio bien Thibaudet— es que la estructura de la novela no tiene por qué ser la del teatro o la de cualquier otro género. (Tal vez las novelas así compuestas, según los cánones de aquellas tradicionales preceptivas que, o bien solían ignorar el género, o bien lo acomodaban como «pariente pobre» en algún otro casillero: el de la epopeya, usualmente; tal vez esas novelas, repito, fuesen las que Baroja calificaba despectivamente de «parnasianas».) Pero, salvado ese equívoco, no hay por qué negar la existencia de unas estructuras novelescas. De hecho, la ya estudiada del viaje se da con bastante frecuencia en la obra barojiana. Y la verdad es que, en la misma, en las novelas del gran escritor vasco, cabe encontrar elementos estructurales tan claros, tan nítidos, como el ya analizado del «leitmotiv». Quizás algunos de los textos barojianos más conocidos y siempre recogidos en las antologías, sean aquellos estructurados rítmicamente, con la repetición de algún «leitmotiv»: recuérdese, por ejemplo, el *Elogio de los viejos caballos del tiovivo*.

En definitiva, la extrema flexibilidad de la novela proviene, en gran parte, de sus abundantes posibilidades de cruce con otros géneros, a los que roba elementos, y de cuyos avances expresivos se aprovecha. Esto no quiere decir que la novela sea un mosaico o conglomerado de géneros, obtenido por adición de varios o de todos ellos. No, las semejanzas y cruces que pueda presentar respecto a los restantes géneros literarios, no significan que se trate de un producto literario formado por aglutinación de diferentes elementos. La novela, pese a lo confuso de sus límites, es una criatura literaria con fisonomía y vida propia, completamente distinta de todas las con ella relacionadas, incluso de géneros como el cuento, a ella ligado por lo narrativo, o el teatro, próximo en lo ficcional y en el uso del diálogo.[10]

Esta flexibilidad es, posiblemente, la que tiende a impedir el acartonamiento del género, su petrificación en esquemas invariables. El hecho de que (como decía Cervantes al hablar de «escritura desatada», o la crítica actual francesa al aludir al «méta-roman») la novela desborde sus propios cauces para fluir, tumultuosamente, por los de otros géneros, mezclándolos, invadiéndolos, confundiendo las aguas y los ritmos; este hecho es tal vez el que explica la dificultad de definir lo que una novela es; el que justifica la apreciación de Unamuno al considerar como novelas todas sus obras e incluso no pocas de las ajenas, desde la *Ilíada* hasta la *Lógica* de Hegel. Cuando críticos meticulosos negaron ser novelas las que Unamuno publicaba como tales, el autor las bautizó entonces de *nivolas*.

Recuérdese asimismo lo dicho por el novelista cubano Alejo Carpentier en su *Problemática de la actual novela latinoamericana*: «La novela empieza a ser gran novela (Proust, Kafka, Joyce...) cuando deja de parecerse a una novela; es decir, cuando, nacida de una novelística, rebasa esa novelística, engendrando, con su dinámica propia, una novelística posible, nueva, disparada hacia nuevos ámbitos, dotada de medios

---

10. Sobre esto, vid. el cap. II, *Flexibilidad de la novela,* de mi libro *Qué es la novela,* Columba, Buenos Aires, 1.ª ed., 1961, pp. 18 y ss.

de indagación y exploración que pueden plasmarse en logros perdurables. Todas las grandes novelas de nuestra época comenzaron por hacer exclamar al lector: ¡Esto no es una novela! »[11]

La afirmación de Carpentier supone un relativismo valorador, ya que en cada época no se ha entendido siempre lo mismo por novela, e incluso tiempos ha habido en que se cultivaba el género, ignorándolo, por así decirlo. (Piénsese en la situación de la novela española en los siglos XVI y XVII; situación realmente brillante, pero que no se corresponde, por obvias razones históricas, con una apreciación literaria del género. «Novela», para los españoles de esos siglos, era un relato corto, y no uno extenso, «historia», a la manera del *Quijote*.) Y si toda gran novela comienza a serlo «cuando deja de parecerse a una novela», quizá se deba —según ya quedó apuntado— a que junto a tal diferenciación, se da un *sui generis* allegamiento a otros géneros: la poesía, el teatro, el ensayo, etc.

Pero no es un problema de géneros el que aquí nos ocupa, sino de estructuras, y concretamente lo que ahora nos interesaba destacar, una vez más, es cómo todos esos cruces, aproximaciones, mezclas, son posibles en virtud de la libertad estructural que es característica de la novela.

11.   Cito a través de SCHULMAN, *Coloquio sobre la novela hispanoamericana*, p. 33. Una afirmación semejante se debe a T. TODOROV: «La grande œuvre crée, d'une certaine façon, un nouveau genre, et en même temps elle transgresse les règles du genre, valables auparavant. Le genre de *La Chartreuse de Parme*, c'est-à-dire la norme à laquelle ce roman se réfère, n'est pas le roman français du début du XIXe; c'est le genre "roman stendhalien" qui est créé par cette œuvre précisément, et par quelques autres. On pourrait dire que tout grand livre établit l'existence de deux genres, la réalité de deux normes: celle du genre qu'il transgresse, que dominait la littérature précédente; et celle du genre qu'il crée». (T. TODOROV, *Poétique de la Prose*, Seuil, París, 1971, p. 56.)

ESTRUCTURAS ABIERTA Y CERRADA

1. LA NOVELA COMO «PROCESO»

G. Lukács consideraba que «así como la característica esencial de los otros géneros literarios es la de apoyarse en una forma acabada, la novela aparece como algo que va haciéndose, como un proceso».[1]

En realidad en la novela caben también las formas acabadas —esas novelas parnasianas, tal vez, a las que desdeñosamente aludía Baroja—, por lo cual conviene ver con algún detalle esta cuestión estructural.

R.-M. Albérès en un artículo titulado *Roman ouvert, roman fermé*, ha señalado que en la novela cerrada «l'histoire se suffit à elle-même, tout s'explique, et l'homme se regarde dans un miroir psychologique et social. Dans le roman ouvert, l'écrivain sait à l'avance, avec Virginia Woolf, Joyce ou Kafka, qu'il n'arrivera pas à s'interpréter lui-même, ni à rendre entièrement compte de sa création».[2]

---

1. G. LUKÁCS, *Théorie du roman*, p. 67.
2. R.-M. ALBÉRÈS, *Roman ouvert, roman fermé*, en «Les Nouvelles Littéraires», n.º 1802, abril 1962. También en su *Histoire du roman moderne*, p. 186, ha aludido Albérès a este mismo punto, al citar a E. M. Forster, nove-

Por más que Albérès se fija fundamentalmente en los casos de Kafka, Joyce, Proust, Musil, etc., para definir lo que él entiende por «roman ouvert», creo que no es totalmente cierto el que tal modalidad sea propia de nuestra época, por oposición a la «novela cerrada» del pasado. Así, en los viejos libros de caballerías, tipo *Amadís de Gaula*, cabe percibir —como M.ª Rosa Lida señala— una «abierta narración, en forma de serie episódica».[3] Y lo mismo cabe decir del *Quijote* y de la mayor parte de las antiguas novelas, caracterizadas precisamente por la ya estudiada estructura episódica.

En algún caso la estructura episódica adopta una configuración sumamente dislocada, como si con ella se quisiera acentuar precisamente ese aspecto: el de una organización narrativa que es susceptible de leerse no de forma seguida, sino a saltos, a «trancos», como dice Luis Vélez de Guevara de su *Diablo Cojuelo*: «no lo reparto en capítulos, sino en trancos. Suplícote que los des en su leyenda». Lo cual —en interpretación de Enrique R. Cepeda y Enrique Rull— quiere decir que «el lector puede leer a saltos, uno u otro tranco del "discurso", siendo ésta su estructura, de adelante atrás y viceversa, propia del ritmo cero, con tiempos y espacios literarios sin justa medida ni proporción». Esto casi lleva a negar a tales críticos el que la obra de Vélez sea una novela: «El vehículo que Vélez toma para manifestarse, unido a la base de los personajes centro de la obra, no es el género novela en sí, sino el movimiento en trancos, en saltos; por esto el *Cojuelo* no tiene estructura novelesca, sino, solamente, estructura situacional, partiendo la descripción de una situación sin límite, de

---

lista y teorizador del género, como defensor de la «novela abierta» frente a la «novela cerrada». ¿Por qué la novela ha de tener un desenlace como una obra de teatro? Albérès alinea a Forster junto a Gide y Virginia Woolf.

3.   M.ª Rosa Lida, *La originalidad artística de «La Celestina»*, p. 277.

cero, para [...] terminar en el tranco X en la misma situación cero que indica la desaparición del Diablo».[4]

Una estructura novelesca episódica equivale a una «estructura abierta», propia de las obras que se nos presentan como fácilmente susceptibles de continuación. Es lo que ocurrió —repito— con el *Quijote* (recuérdese que, como tantas veces se ha comentado, quizá Cervantes, en la segunda parte, hizo que el hidalgo muriera para evitar la posibilidad de una nueva continuación a cargo de Avellaneda o de otro autor); lo que ocurrió asimismo con las novelas pastoriles como *La Diana* de Montemayor, o con las picarescas como el *Lazarillo* y el *Guzmán*. En cierto modo, toda novela organizada en forma episódica, y más o menos ligada al esquema del viaje, resulta una novela abierta, siempre que no la cierre la muerte del protagonista (fácilmente resucitable, sin embargo, por algunos continuadores desenfadados, tal como ocurrió con ciertas continuaciones de *La Celestina* y del *Amadís*).[4bis]

---

4. ENRIQUE R. CEPEDA y ENRIQUE RULL, ed. de *El Diablo Cojuelo* de VÉLEZ DE GUEVARA, Aula Magna, Madrid, 1968, pp. 22-23.

4 bis. Para algunos críticos el *Lazarillo* se caracteriza por la estructura cerrada. Tal es la opinión sustentada por OLDRICH BELIC en *Análisis estructural de textos hispanos*, en la col. «El Soto», Prensa Española, Madrid, 1971, pp. 44-45. Por su parte FERNANDO LÁZARO CARRETER considera que todo en el *Lazarillo* está enderezado al relato del «caso» anunciado en las primeras líneas y con cuya explicación se cierra la obra: «el último episodio de su vida, aquel "caso" [su peculiar matrimonio con la criada del arcipreste de San Salvador] que ilumina a los demás y, al par, los subordina [...]. No se trata, por tanto, de un relato abierto, sino de una construcción articulada e internamente progresiva, con piezas subordinadas a un hecho subordinante». (F. LÁZARO CARRETER, *Construcción y sentido del «Lazarillo de Tormes»*, en «Ábaco», n.º 1, Castalia, 1969, pp. 45-134, especialmente el epígrafe *Relato cerrado y orgánico*, pp. 59 y ss.)

Con todo, y pese a la brillante demostración de F. LÁZARO, creo que el *Lazarillo* podría ser interpretado desde una doble perspectiva: la del «caso» al que, efectivamente, todo se subordina y que supone una «estructura cerrada»; y aquella otra —que tal vez fue la adoptada por los lectores contemporáneos y los continuadores de la obra— por virtud de la cual el *Lazarillo* era, ante todo, novela de «personaje», polarizador de la máxima atención, con posible olvido de la reclamada por el «caso». Como tal novela

Por el contrario, una estructura novelesca cerrada se caracteriza por su imposibilidad o, al menos, dificultad de continuación. ¿La admiten acaso *Crimen y castigo* de Dostoievski, u *Otra vuelta de tuerca* de Henry James?

La que, para algunos críticos como Butor, es una obra maestra de la «organización narrativa», *Tristram Shandy* de Sterne, es, en un siglo tan rigorista literariamente como el XVIII, una novela de estructura abierta, quizá como signo de independencia y aun de oposición frente a las tendencias literarias entonces en boga.[5] Para Marina Forni el *Tristram Shandy* posee «la estructura abierta de la novela que no existe y que *se hace,* el sentido lúdico que lleva al escritor a violentar continuamente las codificadas estructuras narrativas».[6]

2. LO INACABADO Y LO ABIERTO

André Gide en su *Journal* de *Los monederos falsos* aludió a su deseo de que el final de la novela no diese la impresión de inexhaustibilidad, sino por el contrario de algo que podría continuar y prolongarse. Tal actitud supone una reacción de Gide —calificado alguna vez por Priestley como «el más grande ejemplo de novelista enemigo de la novela»— frente a las estructuras novelescas del viejo realismo.

---

de «personaje», el *Lazarillo,* al igual que el *Amadís* o *Guzmán de Alfarache,* parecía poseer una «estructura abierta», favorecida por su disposición episódica y por un cierre que no coincidía con la muerte del protagonista, sino tan sólo con un suceso decisivo en su existencia.

5. Sobre las semejanzas que la obra de Sterne y el *Ulysses* de Joyce presentan en lo que se refiere al cierre y apertura de capítulos, vid. el estudio de PHILIP STERICK, *Fictional Chapters and Oper Ends,* en Murray, ob. cit., p. 227.

6. M. FORNI, ob. cit., pp. 146-147.

En *Los monederos falsos* —novela de una novela, con un novelista como personaje importante, al igual que ocurre en *Point counter Point* de Huxley— se puede leer: «Por ser la novela el más libre de los géneros literarios, es quizá por lo que —por temor de esa misma libertad— la novela, siempre, se ha ligado tenazmente a la realidad. La novela no ha conocido nunca esa formidable *erosión de los contornos* de que habla Nietzsche, y ese voluntario apartamiento de la vida, que dan estilo a las obras de los trágicos griegos o de los franceses del siglo XVII».

Novela *erosionada*, de marco roto, de estructura abierta. Esta forma de relato es comparada por Philip Sterick con un cuadro de Brueghel, una de esas pinturas que sugieren un más amplio escenario que el recogido en los límites de su marco. Nadie piensa, al mirar uno de esos cuadros de Brueghel, que todos los campesinos visibles en el día en que el artista pintó la escena, están presentes dentro del marco. Parte del efecto que tales cuadros producen reside en la sugestión de que la escena podría ensancharse si el marco fuera más amplio.[7]

Utilizando el mismo procedimiento de Gide y de Huxley, también Cortázar sitúa las opiniones de un novelista dentro de las desordenadas páginas de *Rayuela*. En bastantes de ellas oímos teorizar a Morelli sobre el arte de la novela y defender, concretamente, el orden abierto: «Provocar, asumir un texto desaliñado, desanudado, minuciosamente antinovelístico (aunque no antinovelesco). Sin vedarse los grandes efectos del género cuando la situación lo requiere, pero recordando el consejo gidiano, *ne jamais profiter de l'élan acquis*. Como todas las criaturas de elección del Occidente, la novela se contenta con un orden cerrado. Resueltamente en contra, buscar aquí también la apertura y para eso cortar de raíz toda construc-

7. STERICK, pp. 223-224 en la cit. ob. de Murray.

ción sistemática de caracteres y situaciones: la ironía, la auto-crítica incesante, la incongruencia, la imaginación al servicio de nadie».[8]

La crítica ha relacionado la estructura abierta de *Rayuela* con la del *Ulysses* de Joyce. Así lo hace Juan Loveluck —de quien ya hemos hablado a propósito de su comparación de *Rayuela* con el *Libro de Buen Amor*—, el cual considera como uno de los problemas entrañados en la obra de Cortázar el hecho de que esté en la línea de lo que —utilizando una terminología de Umberto Eco[8bis]— llama «poética de la forma abierta»; «frente a la creación que se nos da cerrada y conclusa, aquella que nos admite en su ámbito sólo como "lectores" en el sentido más tradicional: quienes reciben el relato de un aconteci-miento».[9]

Especial interés ofrece el caso de Kafka, certeramente ana-lizado por Guillermo de Torre: «Ciertamente, salvo *La meta-morfosis* y algunos cuentos breves, las novelas mayores de Kafka —*El proceso* y, sobre todo, *El castillo* y *América*— que-daron inconclusas. Basta el ejemplo de *El castillo*: aun habién-dose agregado a la segunda edición alemana unas cincuenta páginas que no aparecieron en la primera, el enigma sigue sin aclararse; surge algún nuevo desdoblamiento de las peripecias que llenan las páginas anteriores, pero continúa sin colum-brarse un desenlace definitivo o terminal. Lo inconcluso —no deliberada, pero sí fatalmente— es el signo ineluctable de lo no mensurable, de la no finitud kafkiana».[10]

Y, por supuesto, la estructura abierta se ha convertido en

8. JULIO CORTÁZAR, *Rayuela*, 4.ª ed., Sudamericana, Buenos Aires, 1966, p. 452.

8 bis.   UMBERTO ECO, *Obra abierta*, Seix Barral, Barcelona, 1963. Vid. asi-mismo T. TODOROV, *Poétique de la Prose*, especialmente pp. 22 y ss.

9.   JUAN LOVELUCK, *Crisis y renovación de la novela de Hispanoamérica*, en *Coloquio sobre la novela hispanoamericana*, p. 129.

10.   G. DE TORRE, *Ultraísmo, existencialismo y subjetivismo en Litera-tura*, pp. 229-230.

una de las más características del «nouveau roman». De *Portrait d'un Inconnu* de Nathalie Sarraute dice René Micha que posee «una estructura movible, abierta por todas partes».[11]

En no pocas ocasiones —y sobre todo en la novelística clásica— la estructura calificable de abierta es consecuencia no sólo de una configuración episódica, sino también del hecho de que los autores empezaron a novelar sin saber a ciencia cierta cuál era el rumbo a tomar, cuál el alcance de su invención. ¿Fue éste el caso, tan debatido, de la «composición» del *Quijote*? Fue —esto sí parece más seguro— el del *Pickwick* de Dickens.

Sabemos también, por ejemplo, que Thackeray iba inventando la trama de *Vanity Fair*, según la iba escribiendo,[12] a diferencia del sistema seguido por otros novelistas, que necesitan ver el desarrollo de la trama en su totalidad, antes de comenzar a escribir. (Tal fue el caso, según Muir, de Emily Brontë con *Cumbres borrascosas*.)

3. ESTRUCTURA CERRADA

Si una estructura novelesca abierta es consecuencia, muchas veces, de no haber adoptado el novelista un camino a seguir, claramente marcado; la adopción del mismo, es decir, la precisión y fijación de un final, conocido desde el comienzo y al que todo converge, resulta decisiva en la «estructura cerrada» del relato.

Ya Edgar Allan Poe en su *Filosofía de la Composición* señaló el alcance estético de tal asunto:

«Charles Dickens, en una nota que tengo ahora delante de

11. RENÉ MICHA, *Nathalie Sarraute*, p. 22.
12. EDWIN MUIR, ob. cit., p. 24.

mí, aludiendo a un análisis que hice una vez del mecanismo de *Barnaby Rudge*, dice: "A propósito, ¿está usted enterado de que Godwin escribió su *Caleb Williams* empezando por el final? Primero envolvió a su héroe en una inextricable red de dificultades, que forman la materia del segundo volumen, y luego, para componer el primero, se dedicó a referir por qué lo había hecho". Yo no puedo creer que haya sido precisamente éste el modo de proceder de Godwin —señalaba Poe—; y, en efecto, lo que él mismo confiesa no concuerda del todo con la idea de Dickens; pero el autor de *Caleb Williams* era un artista demasiado excelente para no percibir la ventaja que ofrecía al menos un proceso análogo. Es evidente que todo argumento digno de tal nombre debe ser planeado hasta su desenlace antes de escribir la primera línea. Sólo con el desenlace siempre a la vista es como podemos imprimir a un argumento aquel aire indispensable de la secuencia e ilación, haciendo que los incidentes y en particular el tono general propendan por todos lados al desarrollo del plan.»[13]

Caleb Williams es una novela de William Godwin calificable de policíaca. El autor, en el prefacio que puso a la edición de 1832, cuenta cómo escribió la obra. Primero inventó el tercer volumen de la historia, después el segundo, y finalmente el primero; con lo cual venía, en cierto modo, a confirmar lo apuntado por Dickens a Poe. Se trata de la historia de una larga y complicada persecución. «Godwin, en *Caleb Williams*, nos relata el descubrimiento de un crimen horrible, del que se acusa a un inocente; cuenta paso a paso la investigación psicológica que lleva a cabo el detective.»[14] Esa investigación supone un ir hacia atrás en busca de la verdad. Tal mecánica le parece a Boileau-Narcejac relacionable con el cienti-

---

13. E. ALLAN POE, *Filosofía de la composición*, en *Poemas en prosa*, trad. de Francisco Susanna, Apolo, Barcelona, 1946, p. 43.
14. BOILEAU-NARCEJAC, *La novela policial*, p. 31.

ficismo dieciochesco: «El hombre *puede ser previsto*. Y si puede ser previsto, también se puede deducir. Tal es, más o menos, la convicción a la que tuvo que llegarse para que la novela policial pudiera ser concebida. Godwin, que —en *Caleb Williams* (1794)— inventó el relato que comienza por el final, no en vano estaba influido por la filosofía del siglo de las luces. Él le preparó el camino a Poe».[15]

A Poe, autor de *El doble crimen de la calle Morgue, El misterio de María Roget,* le interesó siempre esa estructura narrativa tan típica, rotundamente cerrada: la del relato policíaco. (Recuérdese que también Dickens se sintió atraído por el género. Y otro tanto le ocurrió a Wilkie Collins, como ya quedó apuntado.)

En toda genuina novela policíaca se da una repetida y siempre la misma estructura: desde el desorden, el misterio y la oscuridad se llega, paso ante paso, al desciframiento, la aclaración. Una novela policíaca camina, pues, hacia atrás y, en cierto modo, lo que en otras especies literarias sería un dramático desenlace, aquí es el punto de partida desde el que navegar, aguas arriba, en busca del móvil originador del suceso.

Para gustar de tal estructura hace falta una mentalidad previsora, ordenada, fría. Por eso, refiriéndose a Godwin con su novela al revés, y a la comparación con *Un asunto tenebroso* (novela policíaca de Balzac), dice Boileau-Narcejac: «La novela policial siempre es un producto de laboratorio. Balzac, creador de gran ímpetu, siempre amó el misterio por el misterio, el drama por el drama mismo. No es un escritor ambiguo. Y de ninguna manera es un escritor capaz de escribir una historia al revés, capaz de imaginar el fin antes que el comienzo. Siente los acontecimientos a través de los personajes; no configura a los personajes de acuerdo con los acontecimientos,

15. Ibíd., p. 34.

que es la característica esencial de la novela policial. Un autor policial escribe necesariamente dos historias: la del culpable y la del justiciero. Por eso tiene que saber cuá! es el crimen y cómo fue cometido para poder "organizar" de determinada manera el misterio, y presentárselo al detective bajo la apariencia más opaca y desalentadora posible».[16]

Es precisamente esa compacta organización cerrada de la novela policíaca clásica la que —según quedó ya apuntado— convierte a ésta en una muy nítida y fácilmente reconocible «estructura». Justamente este aspecto es el que puede explicar —insistamos en ello— el interés por tal temática de los cultivadores del «nouveau roman». El hecho de que en él los problemas estructurales hayan adquirido casi categoría protagonística, podría explicar la frecuencia con que en el mismo se da la utilización de ingredientes policíacos.[17] Pero en las estructuras seudopolicíacas del «nouveau roman» ocurre que el movimiento de la narración no coincide con la progresiva aclaración del enigma. Por el contrario, éste se va haciendo cada vez más irritantemente complicado; de forma tal que lo que, en un comienzo, parecía susceptible de aclaración a corto plazo, va, página a página, gradualmente, en significativo *crescendo*, oscureciéndose cada vez más, hasta provocar en el lector la sospecha de que toda la pretendida tensión policíaca no encubría realmente un conflicto de ese tono, y no tenía más sentido que el de una paradójica estructura, susceptible de

16. Ibíd., p. 33. Gran interés ofrece el estudio *Typologie du roman policier* de T. TODOROV, incluido en su *Poétique de la Prose*. Para TODOROV en la base de toda novela policíaca (roman à énigme) hay una dualidad: la historia del crimen y la historia de la pesquisa. Su brillante análisis estructural arranca justamente de tal dualidad.

17. Dice RENÉ MICHA de los autores del «nouveau roman»: «Cependant ils se servaient des mêmes ruses qu'avant et encore de beaucoups d'autres: mais ils les exagéraient à plaisir, les menaient en trompe-l-oeil, en tiraient un parti neuf ou le feignaient —et cette feinte était une autre ruse. C'est ainsi qu'ils ne dédaignaient pas les ficelles du roman policier, les facilités et les surprises du roman de quête», en *Nathalie Sarraute*, pp. 81-82.

irse deshaciendo y aniquilando al compás del irse haciendo la novela. La estructura novelesca se autodestruye en su mismo proceso conformador.

Con ello se ha llegado a una total reversión de los planteamientos tradicionales. Y así, la que, originariamente, era una de las más cerradas estructuras novelescas —la novela policíaca con su marcha hacia atrás, con ese morderse la cola que supone el enlazar el crimen de apertura con el descubrimiento de su autor, realización y móviles: cierre retrospectivo del relato—, ha podido convertirse en una de las más abiertas, al ser manejada por los cultivadores del «nouveau roman». La materia policíaca funciona aquí como una cobertura o pretexto, bueno para el despliegue de tantas posibilidades, tensiones y enigmas sin necesaria o exigible solución, que, de hecho, la estructura pierde su condición de forma o de soporte, para transmutarse en contenido. Entonces no nos interesa ya tanto lo que ocurre en la obra —en el supuesto de que ocurra algo, si así quiere imaginarlo el lector, ya que lo más probable es que nada ocurra realmente—, como la simulación formal de esos sucesos, es decir, el signo que los recubre.

La estructura tradicionalmente *cerrada* de la novela policíaca es susceptible de convertirse en *abierta*, mediante el sencillo procedimiento de eludir, de escamotear la solución. No puede entonces producirse el movimiento de «marcha atrás». Un misterio que no se aclara, una indagación que no conduce a ninguna parte, dan como paradójico resultado ese efecto: el de cómo se transforma en abierta la más cerrada de las estructuras novelescas.

Recuérdese que hemos presentado las novelas de Kafka —a través de unos comentarios de Guillermo de Torre—, como prototipo de novelas abiertas, carentes de final, con desenlace inimaginable, ya que si el movimiento —el repetido intento del agrimensor para entrar en *El castillo*, la construcción de la interminable *Muralla china*— posee calidad de continuo, es un *perpetuum mobile*, es una marcha que no se detiene nunca, que está abocada al infinito. Por eso, R.-M. Albérès ha podido relacionar las novelas kafkianas con las formas propias de la novela policíaca: «Cualquier otro escritor que no fuese Kafka, al mantener durante todo el libro el mismo misterio, habría acabado por dar alguna "explicación", para así satisfacer al espíritu racional del lector, tras haberle intrigado. Eso es lo que ocurre en la novela policíaca o en la novela de misterio, formas populares de la novela kafkiana. Entre la forma popular y la forma mística, hay, según se ve, una inversión: la novela de misterio se hace inverosímil y sorprendente en su transcurso, y al fin ofrece una explicación; la novela de Kafka permanece allegada lo más posible a la vida cotidiana y a la verosimilitud, pero lo que allí ocurre es finalmente inexplicable».[18]

A esta luz no deja de ser significativo el simbolismo que, para Walter Allen, presenta la estructura de la «persecución» en el ya citado *Caleb Williams* de Godwin. Para Allen cabría establecer una relación entre el tema de la vieja novela y el de *Brighton Rock* y *The Power and the Glory* de Graham Greene.[19] ¿No podríamos incluir asimismo, en tal comparación, *El proceso* de Kafka, con el impresionante simbolismo de que, en sus páginas, se carga el tema del inocente perseguido?

4.   SENTIDO DE LAS ESTRUCTURAS ABIERTA Y CERRADA

Tras todas estas consideraciones, tras el nuevo enfrentamiento con la novela policíaca como estructura típicamente

18.   R.-M. ALBÉRÈS, *Histoire...*, pp. 225-226.
19.   W. ALLEN, *The English Novel*, Penguin Books, Londres, 1960, p. 101.

cerrada, cabría llegar a la siguiente conclusión: es cierto que la novela actual se caracteriza (según vemos a través de sus cultivadores, y también de los teorizadores y críticos) por un predominio de la forma abierta. Pero esto no significa que tal forma no haya podido darse en novelas del pasado (hemos podido comprobarlo a través de varios ejemplos, tan significativos algunos como el revolucionario *Tristram Shandy*), ni que en las de hoy haya quedado totalmente excluida la forma cerrada. Realmente no creo que el cierre o apertura de las organizaciones narrativas sea una cuestión estrictamente histórica, ligada a gustos y tendencias de época. La novelística española de los siglos XVI y XVII es fundamentalmente abierta, más aún si cabe, en determinados aspectos, que pueda serlo la actual.

Lo que entonces habría que intentar es hacerse con los distintos sentidos e intenciones que alientan tras las estructuras narrativas abiertas del barroco (por ejemplo) y las de nuestros días. Pero es evidente que una indagación de tal tipo nos alejaría bastante de nuestro objetivo. En líneas generales, podría pensarse en que el fenómeno de apertura perceptible en la novela actual responde, entre otras, a las siguientes motivaciones: por un lado, el deseo de establecer las necesarias diferencias entre la novela y otros géneros, sobre todo el teatro. Recuérdense las ya señaladas posturas de Thibaudet y de Forster a ese respecto. Frente a la clásica estructura del drama con su exposición, nudo y desenlace, son bastantes los novelistas y teóricos que se preguntan si la novela no haría bien en liberarse de tal esquema, y en conseguir un mayor acercamiento a la autenticidad vital con la supresión del desenlace.

Por otro lado, la creencia —errónea, en parte— de que la novelística clásica o tradicional se caracterizaba por lo cerrado de su estructura, ha llevado a los escritores contemporá-

neos a buscar un ostensible signo diferenciador, revelador de
su actitud negativa frente a tal novelística, mediante la utilización de las estructuras abiertas. Al mismo tiempo, no hay
que descartar tampoco, como otro posible motivo, el desprecio de tantos novelistas actuales por lo que, en la novela tradicional, podía ser entendido como argumento o trama.[20] El
desdén por tan mecánicos elementos, la aspiración a conseguir
unas novelas que puedan interesar no por la anécdota en sí,
sino por otros valores formales, psicológicos, filosóficos, etc.,
puede que tenga algo que ver con el fenómeno de la estructura abierta; menos dable, por supuesto, en las novelas de trama muy compacta. El deshilachamiento de la trama a la usanza clásica, la identificación de lo mezquina y peyorativamente
novelesco con lo ingenuamente argumental, ha desembocado
en la creación de novelas en las que apenas importa ya la trama, reducida muchas veces a la mínima condición, casi la de
un pretexto; por cuanto se supone polarizado el interés del
lector hacia otras zonas que no son ya las específicamente
argumentales.

En las novelas clásicas —por así llamarlas—, caracterizadas
por la estructura abierta, no cabe suponer que su presencia
esté suscitada por motivos semejantes a los que acabo de sugerir con referencia a la novelística actual. Por un lado, cabría
pensar que, en ciertos casos, la apertura narrativa tiene algo
que ver con la cervantina «escritura desatada». Por otro, la
condición episódica de gran número de esas novelas favorece-
ría tal tipo de composición; lo cual no supone negar la posibilidad de una «estructura cerrada» al servicio de una novela
episódica. Pero a nadie se le oculta que cuando un relato como
el *Lazarillo de Tormes* concluye con el casamiento del protagonista y su designación como pregonero toledano, no resul-

20.   Sobre el rechazo de la intriga en la novelística actual, vid. U. Eco,
Obra abierta, ed. cit., p. 176.

taba demasiado difícil imaginar nuevas aventuras a partir de ese punto. Es lo que ocurre también, por ejemplo, en *El Buscón*. Si al propio Quevedo o a cualquier otro autor le hubiese apetecido imaginar nuevas andanzas de Don Pablos en tierra americana (recuérdese que la novela concluye con el paso a las Indias del narrador-protagonista), tendríamos una legítima continuación de la novela quevedesca, tan abierta en su estructura como antes lo fueran el *Lazarillo* y el *Guzmán*, dentro del género picaresco, el *Quijote* cervantino, el *Amadís*, etc.

También habría que pensar en el hecho de que, en los siglos XVI y XVII, cuando en las letras españolas aparecen tantas narraciones de estructura abierta, a ningún lector se le ocurriría realmente considerarlas «novelas», al estar reservado tal término para los relatos breves, para las que hoy llamaríamos «novelas cortas» (las *Ejemplares* de Cervantes, las de María de Zayas, las a *Marcia Leonarda* de Lope de Vega, etc.). Aún no se había olvidado que tal término —«novela»— era un italianismo y, como tal, entrañaba un valor diminutivo, el propio del sufijo —*ella*. (Recuérdese que ya en la época de los Reyes Católicos el *Decamerone* boccacciesco había corrido, en las traducciones españolas, con el título de «Cien novelas».)

Podríamos pensar, en consecuencia, que la estructura cerrada se daba, en tal época, en la «novela» según era cultivada y titulada entonces; en tanto que las narraciones extensas para las que no existía denominación fija —se empleaba, por ejemplo, «historia»: tal es el nombre que Cervantes da a la del «ingenioso hidalgo Don Quijote de la Mancha»— solían caracterizarse por la «estructura abierta». La «historia» podía acomodarse al ritmo de la vida, al no verse constreñida por las limitaciones en la extensión que eran connaturales a la «novela», y que, consiguientemente, tendían a «cerrarla». No quiero decir con ello que «apertura» y «extensión narrativa» por un lado, y por otro, «cierre» y «brevedad narrativa» sean conceptos solidarios; pues la verdad es que esas caracterizaciones estructurales no tienen por qué depender de los factores tiempo y número de páginas. En las muy escasas del *Lazarillo* cabe una «estructura abierta», por cuanto lo que allí se ofrece al lector es el resumen de una vida que no se cierra en el último capítulo o «tratado», sino que cabe imaginar prolongada más allá de él.

Pero de esto ya nos hemos ocupado en páginas anteriores, y si de nuevo he recurrido a tales ejemplos, ha sido para intentar percibir las diferentes motivaciones que hay tras las «estructuras abiertas» de las viejas y de las actuales novelas. Un cuento o «novella» puede ser tan cerrado como un soneto. Una novela extensa puede ser tan abierta como un viejo poema épico, como un romance, como cualquiera de esas formas literarias cuyo ritmo trata de ajustarse al de la vida, en vez de encerrarse en la perfecta limitación de un esquema ya dado.

ESTRUCTURAS GEOMÉTRICAS

1. LA NOVELA COMO «PROCESO» Y «ESTRUCTURA»

¿Es más natural en la novela la forma abierta que la cerrada? Las repetidas observaciones de teóricos y críticos —v. gr.,
Lukács— sobre la novela como forma inacabada, enfrentable
a otros géneros de formas cerradas, así parecen indicarlo. Para
Wayne Booth, autor de *The Rhetoric of Fiction*, la novela es un
«proceso» más que un artefacto.[1] Y William Handy, al ocuparse
de la crítica formalista aplicada a la ficción, considera asimismo que la novela, antes que una «imagen» en el sentido que
tal palabra tiene en la poesía lírica, es más bien un proceso,
una progresión.[2]

Ya conocemos también la actitud de E. M. Forster al enfrentar «pattern» y «rhythm». Murray, comentando tal enfrentamiento, recuerda las actitudes críticas de Rahr, Harvey, etc., y
señala que éstos tienden a ver la novela como una estructura,
un objeto favorecedor de una aproximación estética y formalista. Pero Murray reconoce que una novela es, a la vez, una

---

1. Vid. MURRAY, ob. cit., p. XII.
2. Ibíd., p. 102.

«estructura» y un «proceso»; por lo cual no hay razón en enfrentar, polarmente, lo que la novela tenga de espacial —el «pattern» de Forster— a lo que posee de temporal: el «rhythm».[3]

En cierto modo, las novelas de forma inacabada, de estructura abierta, acentúan lo que el género tiene de proceso («la ruta ha comenzado, el viaje ha terminado» es —recuérdese— la fórmula de Lukács); en tanto que las de estructura cerrada pueden provocar a veces —pero no siempre, sino más bien en ciertos casos límite o excepcionales— una sensación predominantemente espacial, sobre todo en aquellos casos en que la marcha del relato camina hacia atrás, o la organización del mismo adopta una forma inequívocamente circular.

2. ESTRUCTURA CIRCULAR

Si una de las notas características de la novela policíaca es su «marcha hacia atrás», ello no implica que toda estructura novelesca así configurada incida, indefectiblemente, en lo policíaco. Ya hemos visto el caso de *Tristram Shandy*, y la crítica que esta obra mereció a Horace Walpole, al considerar como una tonta gracia la de «que toda la narración va para atrás».

En una estructura de tal índole ocurre, a veces, que en ese ir hacia atrás la novela, se produce un encuentro con el punto de arranque, con el inicio del relato. Podemos hablar entonces, cuando las últimas páginas o frases de la novela repiten las del comienzo, de una «estructura circular», con su modelo ya clásico en el *Finnegan's Wake*; caracterizado por el virtuosismo técnico de estar integrado por una sola extensísima frase cuyas

3. Ibíd., p. 205.

últimas palabras enlazan con las primeras líneas de la obra. De
ahí que John Henry Raleigh haya podido referirse, incluso, a
una «concreta visión circular» de Joyce: algo que ha ocurrido
ya, ocurrirá una y otra vez. Al final del *Ulysses* —señala Raleigh— nos damos cuenta de que al día siguiente, con irrele-
vantes diferencias, se va a repetir el ciclo vital de Bloom. En
Finnegan's Wake el círculo se configura aún más explícitamente con la famosa sentencia rota, inacabada, cuyo fin puede leerse al comienzo del libro.[4]

Al quedar así configurado el *Finnegan's Wake*, puede «ser
leído empezando en cualquier página —dice Michel Butor—. Se
abre al azar y se encuentra una broma o un pensamiento que
atraen. Para dejar esto bien sentado, Joyce empieza su libro en
medio de una frase y lo termina en medio de otra frase que
puede enlazarse con la primera, de manera que el conjunto forma un círculo. No obstante, el libro tal como se presenta tiene
necesariamente un principio, un medio y un fin. Tendremos,
pues, una estructura lineal a la cual se superpone una estructura circular».[5]

La influencia de Joyce ha sido muy grande en la novela
europea y americana. Manuel Pedro González percibe tal influencia, referida precisamente a la estructura circular, en *La
región más transparente* del novelista mejicano Carlos Fuentes: «Bien conocida es la concepción circular de la historia
humana que Joyce aplicó en su última y más endemoniada
novela. De ahí que *Finnegan's Wake* concluya con la misma
sentencia con que se inicia. (Lo mismo ocurre con el formidable monólogo interior de Molly Bloom que remata el
Ulysses: termina con el mismo adverbio informativo con que

---

4. JOHN HENRY RALEIGH, *The English Novel and the Three Kinds of
Time*, en Murray, ob. cit., p. 250.
5. MICHEL BUTOR, *Sobre Literatura*, I, trad. de Juan Petit, Seix Barral,
Barcelona, 1960, p. 335.

se abre.) Algo parecido sucede en *La región más transparente*: la novela concluye con las mismas tres breves sentencias —colocadas en idéntico orden— con que Ixca Cienfuegos cierra el primer párrafo de la obra».[6]

En algunas obras de las incluidas en el «noveau roman» cabe percibir, asimismo, una estructura circular, quizá como consecuencia de la más o menos directa influencia que Joyce ha ejercido sobre los escritores incluibles en tal tendencia. Así, Roland Barthes define *Les gommes* de Robbe-Grillet como «la historia de un tiempo circular, que se anula a sí mismo después de haber arrastrado a hombres y objetos en un itinerario al final del cual los deja, *con pocas cosas de diferencia* en el mismo estado que al principio. Todo ocurre como si la historia entera se reflejara en un espejo que dejara a la izquierda lo que está a la derecha y viceversa, de modo que la mutación de la "intriga" no es más que un reflejo de espejo extendido en un tiempo de veinticuatro horas. Naturalmente, para que la recomposición sea significativa, es preciso que el punto de arranque sea singular. De ahí, un argumento de apariencia policíaca, en el que una de las *pocas cosas de diferencia* de la visión especular es la mutación de un cadáver».[7]

Recuérdese que el posible «tema» de *Les gommes* guarda, según Lucien Goldmann, evidente relación con el motivo de Edipo, por más que no sea seguro que Daniel Dupont haya sido asesinado por su hijo: una organización clandestina antigubernamental decide matar a Daniel Dupont. Hay un fallo en el atentado, al encender Dupont demasiado pronto la lámpara de su despacho; el asesino asustado apunta mal y sólo consigue, con su disparo, causar una pequeña herida en el brazo de Dupont. Éste, que tiene poderosas relaciones gubernamentales,

---

6. MANUEL PEDRO GONZÁLEZ, *La novela hispanoamericana en el contexto de la internacional*, en *Coloquio sobre la novela hispanoamericana*, pp. 86-87.
7. R. BARTHES, ob. cit., p. 45.

para protegerse, hace creer que el asesinato ha tenido lugar, y decide ocultarse durante algún tiempo para así sustraerse a la vigilancia de los asesinos. Es enviado un detective para realizar una investigación sobre un crimen que, en realidad, no ha tenido lugar. Se diría —comenta Goldmann— que el carácter fatal y mecánico del proceso ha sido perturbado, y que ha podido producirse una desviación de la línea normal. En realidad, se trata de una ilusión: el proceso es fatal, y el mecanismo, perfecto. Porque, por el simple juego de los acontecimientos, sin que nadie sea consciente ni lo quiera, el detective matará a la pretendida víctima, convertida así en víctima real, lo que permitirá continuar la investigación de un asesinato ahora efectivo. En cuanto al grupo de asesinos, continuará asimismo su trabajo sin tener conocimiento del error cometido, y hará matar a otro hombre, Albert Dupont.[8]

La repetición del atentado, el hecho de que el asesinato antes frustrado, se haya convertido en real (de ahí la probable justificación del título con que *Les gommes* han sido editadas en España: *La doble muerte del profesor Dupont*) explica suficientemente el porqué de asignar a esta novela de Robbe-Grillet una estructura circular. También, en cierto modo, cabe percibirla en *La Jalousie*. Aquí, la mecánica temporal se caracteriza por su deliberada irregularidad y confusión. No se trata de un equívoco adelantar y retroceder, a la manera de algún relato de Faulkner como ¡*Absalón, Absalón!* En *La Jalousie* apenas cabe hablar de pasado, presente y futuro, sino más bien de una supresión del tiempo (según apuntamos ya en el capítulo X), de una estructura circular que, como en el caso de *Finnegan's Wake*, nos permitiría casi comenzar la lectura del relato por cualquier punto, para concluirla también en el mismo punto, sin que la totalidad sufra excesivo detrimento. En este aspecto,

8. L. GOLDMANN, art. cit. en la «Revue de l'Institut de Sociologie», páginas 459-460.

la estructura circular de *La Jalousie* se diferencia de la de *Les gommes*, ya que en ésta necesariamente se ha de partir del asesinato frustrado hasta llegar a su repetición efectiva, con la superposición de ambos momentos.

En un artículo titulado *Tecnique du roman* Raymond Queneau ha aludido a la estructura narrativa circular, tal y como él mismo la ha manejado en sus novelas *Le Chiendent, Gueule de Pierre* y *Les Derniers Jours*: «Las tres expresan un mismo tema, o más bien variantes de un mismo tema, y, *por consiguiente*, las tres tienen la misma estructura: circular. En la primera el círculo se completa y cierra exactamente en su punto de partida: lo cual es sugerido, acaso toscamente, por el hecho de que la última frase es idéntica a la primera. En la segunda, el movimiento circular no reencuentra su punto de partida, sino un punto homólogo, y forma un arco de hélice [...]. En la tercera, finalmente, el ciclo sólo es estacional, en espera de que las estaciones desaparezcan: el círculo se quiebra en una catástrofe; el personaje central lo dice explícitamente en el último capítulo».[9]

Parece casi superfluo advertir —a la vista de los ejemplos hasta ahora aducidos— que uno de los procedimientos más fáciles y usuales con el que conseguir estructurar circularmente una novela, consiste en enlazar su final con el principio, mediante una repetición de éste. La repetición puede ser temática con alguna variante (caso de *Les gommes*); puede ser verbal, mediante la repetición de alguna frase (caso citado de Queneau), o mediante el enlace de la que aparecía truncada en la primera línea de la obra con la que aparece en la última, completadora de su sentido y reanudadora, pues, del movimiento circular (caso de *Finnegan's Wake*).

En la novelística española actual merece atención *La granja*

9. RAYMOND QUENEAU, *Bâtons, chiffres et lettres*, Gallimard, París, 1965, pp. 28-29.

del solitario de Manuel García-Viñó (quizá la obra española
que más se acerca técnicamente a las formas del «nouveau roman»), en la cual, además del uso de reiteraciones, de repeticiones, de variaciones, de «leitmotivs», se dan unos desplazamientos de espacio, de tiempo y hasta de personajes (¿el solitario
es también el cazador? ¿Son dos personas diferentes o una
misma?). El último capítulo de esta novela se corresponde
exactamente, línea a línea, con el primero. De esta manera, la
historia vuelve a empezar, como un sueño recurrente, tan obsesivo es el tono del relato.

Una curiosa variedad de estructura circular es la que ofrece
el *Molloy* de Samuel Beckett, tal y como Frederick R. Karl lo
ha estudiado: «Con el fin de fijar su humanidad y completarse
a sí mismo, Molloy deberá encontrar a su madre, al igual precisamente que Morán que, en la segunda mitad de la novela, deberá encontrar a Molloy para completarse a sí mismo. La novela se convierte en un círculo que se arrolla y desarrolla en torno a las pesquisas, a los intentos de conseguir la identidad a
través de la identificación con otro ser [...]. El moverse en
círculo forma, naturalmente, parte del esquema, ya que el propio Morán, incapaz de encontrar a Molloy, vuelve en redondo
hacia su casa al final de la novela. Y el libro que comenzaba
así "Es medianoche. La lluvia golpea contra las ventanas",
termina de este modo: "No era media noche. No llovía". Al
negar lo que afirmara en un principio, completa la narración».[10]

En este caso, pues, la variante de cierre consiste en la negación de lo dicho inicialmente. Pero la estructura circular se
consigue, precisamente, a través de esa negación. Sin embargo,
creo que el efecto así conseguido no es tanto el de una historia
que se repite, que va a empezar de nuevo, como tal vez —por

10. FREDERICK R. KARL, ob. cit., pp. 52-55.

virtud de la negación—, de algo que según se va haciendo se deshace, de tal forma que cuando el círculo se ha completado, sobreviene simultáneamente su negación, su desaparición. Tras la mano que ha ido trazando la circunferencia, otra —o la misma— ha ido borrándola casi al mismo tiempo.

3. ESTRUCTURA EN ESPIRAL

Alguna vez la composición en círculo adopta la forma de «espiral». Es la que Bolle ha atribuido a la *Recherche* de Proust: «Se ha hablado de la forma circular de la *Recherche*. El esquema de la espiral (que expresaría el retorno a ciertos lugares, la recurrencia de ciertos fenómenos) aliado a la idea de una ascensión hacia un punto de vista más elevado, resulta preferible».[11]

La forma circular asignada a la *Recherche* proviene —según Bolle— de la cohesión de la obra, claramente perceptible en sus páginas finales, un final que es también —como dice Bolle— un comienzo. Quiere decirse que uno se refleja en el otro, como en un juego de espejos. Al mirar en el que actúa de final lo que ha quedado atrás, al reflejarse en él todo el tiempo pasado en cuya busca partió el Narrador, se capta el total sentido estético de la obra.

De estructura en espiral ha hablado también la crítica a propósito de *It's a battlefield* de Graham Greene, descrita así por Philip Strafford: «El diseño de *It's a battlefield* era más complejo que el desarrollo rectilíneo de un viaje en tren. El escenario era Londres, el modelo una espiral».[12] Y el propio Graham Greene aludió, en una conversación con Ronald Mat-

11. L. BOLLE, ob. cit., p. 20.
12. PHILIP STRATTFORD, *Faith and Fiction*, University of Notre Dame Press, 1964.

thews, a la «nueva técnica» empleada en tal obra, consistente
en comenzar la historia por el exterior, después seguir al centro, luego pasar a la circunferencia, y luego al centro de nuevo.
Graham Greene señaló que ésta fue la única vez que utilizó tal
técnica, y que no merecía la pena repetirla.

4. CÍRCULOS CONCÉNTRICOS. OTRAS ESTRUCTURAS GEOMÉTRICAS

Con el diseño en espiral se relaciona el de los «círculos con-
céntricos», tal y como M. Schorer cree percibirlos en el *Ulysses*
de Joyce;[13] obra perfecta —según considera Schorer con razón— por el perfecto ajuste que en ella se da entre la técnica
y el tema, entre la estructura de que el autor se sirvió y aquello que quiso expresar con ella.

Cuando la estructura circular se caracteriza por la superposición del desenlace y del comienzo, el efecto conseguido es
casi el de un *continuum*, una especie de movimiento perpetuo,
que empuja al lector desde la última página a la primera,
para que, de nuevo, inicie la lectura de la novela.

A un *continuum* alude Lawrence Durrell en la nota preliminar de *Balthazar*, una de las novelas integradas en el *Cuarteto
de Alejandría*. Allí habla Durrell de una novela de cuatro pisos
cuya forma se apoyara sobre el principio de relatividad. Tres

13. «Thus *Ulysses*, throug the imaginative force which its techniques
direct, is like a pattern of concentric circles, with the immediate human si-
tuation at its center, this passing on and out to the whole dilemma of modern life, this passing on and out beyond that to a vision of the cosmos, and
this to the mythical limits of our experience. If we read *Ulysses* with more
satisfaction that any other novel of this century, it is because its author
held an attitude toward technique and the technical scrutiny of subject
matter which enabled him to order, within a single work and with superb
coherence, the greatest amount of our experience.» M. SCHORER, *Technique as
Discovery*, en Murray, ob. cit., p. 86.

partes de espacio por una de tiempo, he aquí la receta para cocinar un *continuum*.

La última novela de Durrell, *Tunc* (1969) es, como el mismo autor dice, «el primer piso de una novela *a lo imperial*», es decir, a la manera de esos autobuses urbanos de dos pisos, según comenta Robert Kanters, al reseñar la citada obra de Durrell. Quiere decirse que cuando aparezca la segunda parte de *Tunc*, el movimiento novelesco de ambas obras será el mismo, como único es el movimiento del autobús que transporta a diferentes pasajeros instalados en cada uno de sus dos pisos. Los lectores de *Tunc* tendrán que superponer a la lectura de esta obra, la de su continuación, cuando Durrell la publique; de forma semejante a lo que ahora han de hacer con el *Cuarteto de Alejandría*. Recuérdese que, en *Balthazar*, el personaje que da título a la obra dice en una ocasión a Darley: «Si usted decidiera incorporar ahora a su propio manuscrito sobre Justina lo que le estoy diciendo, se encontraría en presencia de un libro curioso; la historia sería narrada, por así definirlo, en estratos. ¡Sin quererlo le he proporcionado una forma fuera de lo común! No está lejos de la idea de Pursewarden sobre una serie de novelas que figuran como paneles corredizos, así los llamaba. O quizá como un palimpsesto medieval en el cual se consignan verdades diferentes, unas sobre otras, las unas suprimiendo o quizá complementando las otras».

R.-M. Albérès prefiere hablar, con referencia al *Cuarteto de Alejandría*, de un «roman polygonal», o bien de un «poliedro»,[14] reproduciendo a tal efecto unas líneas de *Cléa*, la novela que cierra el conjunto. «Si tú quieres ser, no diré original, sino simplemente contemporáneo, deberías ensayar un cuadrado —como el póker— en forma de novela; pasar un eje común a través de las cuatro historias, por ejemplo, y dedicar cada una

---

14.   R.-M. Albérès, *Métamorphoses*, pp. 95 y ss.

de ellas a los cuatro puntos cardinales. Un *continuum* encarnado no en un tiempo reencontrado, sino en un tiempo liberado. La curvatura del espacio te daría un relato de forma estereoscópica, en tanto que la personalidad humana vista a través de un *continuum* se haría, tal vez, prismática.»

La referencia a los cuatro puntos cardinales determinadores de otras tantas novelas, nos hace recordar —salvadas las enormes distancias— un deseo juvenil de Pedro Antonio de Alarcón: escribir cuatro novelas que se correspondieran con tales puntos. Sólo llegó a escribir la referente al Norte: *El final de Norma.*

Dentro de las estructuras geométricas cabría recordar aquí la «composición en forma de naranja» utilizada por Gottfried Benn en su *Roman des Phänotyp*: «la novela [...] está construida en forma de naranja. Una naranja comprende numerosos sectores, las distintas partes de la fruta, los gajos, todos iguales, yuxtapuestos, del mismo valor; un gajo puede que tenga algunas pepitas más, otro menos, pero no tienden hacia fuera, hacia el espacio, sino hacia el centro, hacia la raíz blanca y tenaz que retiramos al abrir la fruta. Esta raíz es el fenotipo, lo existencial, no hay nada como la raíz, sólo ella, no hay otra cohesión de las partes».[14bis]

5. VISIÓN ESTEREOSCÓPICA

En cuanto a la visión estereoscópica, merece la pena comentarla brevemente. Ya Albert Thibaudet aludió a la «visión binocular» de Flaubert, dada por la superposición del «ojo del crítico» y del «ojo del reconstructor». En la *Recherche* prous-

14 bis.   Cito a través de G. BLÖCKER, *Líneas y perfiles de la literatura moderna*, ed. cit., p. 149.

tiana Bolle señala cómo se da, a la vez, simultáneamente, la visión del pasado y la del presente, algo comparable a «un estereoscopio que, de dos imágenes planas, crea una con profundidad».[15] Y en nuestra novelística cabría citar el caso verdaderamente interesante de Ramón Pérez de Ayala. Aparte del ya señalado caso de la doble columna narrativa empleada en *El curandero de su honra*, recuérdese el importante capítulo II de *Belarmino y Apolonio*, titulado *Rúa Ruera, vista desde dos lados*. Allí se lee:

«El novelista es como un pequeño cíclope, esto es, como un cíclope que no es cíclope. Sólo tiene de cíclope la visión superficial y el empeño sacrílego de ocupar la mansión de los dioses, pues a nada menos aspira el novelista que a crear un breve universo, que no otra cosa pretende ser la novela. El hombre, con ser más mezquino, aventaja al cíclope, a causa de poseer dos ojos con que ve en profundidad el mundo sensible. Ahora bien: describir es como ver con un ojo, paseándolo por la superficie de un plano, porque las imágenes son sucesivas en el tiempo, y no se funden, ni superponen, ni, por lo tanto, adquieren profundidad. En cambio, la visión propia del hombre, que es la visión diafenomenal, como quiera que, por enfocar el objeto con cada ojo desde un lado, lo penetra en ángulo y recibe dos imágenes laterales que se confunden en una imagen central, es una visión en profundidad; pero, en cuanto artista, está desprovisto de medios con que reproducir su visión.»

Estas palabras aparecen puestas en boca de D. Amaranto, que da consejos al novelista. Cuando éste le pregunta cómo ha de describir una calle de Pilares, la Rúa Ruera, D. Amaranto le dice:

«No describiéndola. Busca la visión diafenomenal. Inhíbete

15. BOLLE, ob. cit., p. 25. El·efecto de la «visión estereoscópica» ha sido estudiado asimismo por T. TODOROV, a propósito de *Les liaisons dangereuses*, en *Literatura y significación*, ed. cit., p. 102.

en tu persona de novelista. Haz que otras dos personas la vean al propio tiempo, desde ángulos laterales contrapuestos. Recuerda si en alguna ocasión te aconteció ser testigo presencial de cómo ese mismo objeto, la Rúa Ruera, suscitó duplicidad de imágenes e impresiones en dos observadores de genio contradictorio; y tú ahora amalgama aquellas imágenes e impresiones.»

Y efectivamente Rúa Ruera es juzgada por los guiñolescos Juan Lirio —al que la calle le parece hermosísima— y Pedro Lario —a quien le resulta horrible—. El diálogo entre ambos actúa como de obertura capaz de dar al lector el tono con que va a ser modulada toda la obra, *Belarmino y Apolonio*, novela de estructura dialéctica, perspectivística.[16]

16. Sobre esto vid. mi estudio *Contraste y perspectivismo en Ramón Pérez de Ayala*, incluido en *Perspectivismo y contraste*, Gredos, Madrid, 1963, pp. 171 y ss.

ESPACIO Y VISUALIDAD

1. Geometría espacial

Disposiciones narrativas como las que hemos reseñado en el capítulo anterior, entrarían dentro de la que J. Frank llamaba «forma espacial» en la literatura. Al menos, hemos de recurrir a comparaciones visuales para intentar describir el efecto suscitado por tales estructuras novelescas. Con todo, recuérdese que la doble columna narrativa de *El curandero de su honra* nos sirvió como ejemplo significativo de una estructura musical, casi de un contrapunto. Esto es así, porque, como ya quedó apuntado a propósito de la distinción establecida por Forster entre «pattern» y «rhythm», no siempre es posible deslindar suficientemente lo espacial y lo temporal en una organización narrativa. Se trata de un lenguaje evidentemente traslaticio, metafórico, y de la sensibilidad de cada lector —de su especial predisposición para unas artes u otras— dependerá, en ocasiones, el que un mismo dispositivo estructural sea percibido en términos musicales o plásticos.

Círculos, espirales, polígonos, poliedros... Casi una geometría espacial, como la que R.-M. Albérès señala en *Degrés* de

Butor: «el horario de clases de un liceo transformado en problema de geometría en el espacio».[1] Y algo parecido, con referencia al «nouveau roman» en general —no sólo a *Degrés*— apunta Beaujour al decir: «De un lado, una extremada precisión obtenida al precio de una simplificación de la sintaxis, por el uso de verbos descriptivos tomados de los manuales de geometría del espacio: intersectar, recorrer, recubrir, *pivoter* (dar vueltas sobre un eje), inscribirse, desplazar el eje, prolongar, etcétera, y de adjetivos que evocan igualmente una inquietud matemática: perpendicular, diagonal, hexagonal, o aun de adverbios y locuciones raros en la literatura no técnica: desplazarse *según* una diagonal, a tres centímetros *alrededor*; procedimientos todos que subrayan la voluntad de descripción exacta y objetiva, pero que no tardan en crear una fantasmagoría geométrica tan arbitraria y poética (en la medida en que se funda en tropos) como el cubismo de Picasso, Gris o Braque hacia 1908».[2]

Una estructura geométrica móvil es la que presenta, según Hélène Cixous, la novela inglesa de Jerzy Peterkiewicz, *Inner Circle*: «Este libro se presenta como forma geométrica, móvil, significante, y como lenguaje de la ambigüedad: *El círculo interior* (o "el círculo dentro del círculo" y también la línea de autobús de pequeña circunvalación). De hecho hay tres círculos temporales (y tres libros) a la búsqueda de un eje imaginario —árbol o Dios—, alrededor del cual los seres aspiran a gravitar. El centro se desplaza, el círculo se deforma, los recorridos mentales describen espirales sobre tres planos análogos a la división miltoniana del espacio, con el infierno abajo, el paraíso en el medio y el cielo en lo alto. En este cosmos marcado por la caída, el pasado y el porvenir están representa-

1. R.-M. Albérès, *Sur le néo-nouveau roman*, en «Les Nouvelles Littéraires», n.º 2067, abril, 1967.
2. Michel Beaujour, *La novela de la novela*, ob. cit., p. 89.

dos por dos círculos que se cortan en lugar de inscribirse a la perfección uno en el otro, como Adán antes de la caída, en el Creador. En el huso formado por la intersección de los dos círculos, presente impuro, vive un muchacho retrasado para quien esperar es acordarse y vivir es ir de un lado para otro, de día en el autobús y de noche en el metro, el tubo intestinal, metáfora de una embriología paródica».[3]

2. ESTRUCTURAS SIMÉTRICAS

Ya E. M. Forster, al ocuparse del «pattern», tuvo ocasión de señalar el gusto de Henry James por las estructuras geométricas, citando el caso de *The Ambassadors*, configurada como un reloj de arena, o bien como un reloj normal de esfera cuyas dos agujas representan a los dos principales personajes: sus posiciones llegan a cambiar diametralmente con el tiempo. Precisamente recordando el ejemplo de James, L. Bolle considera que «Toutefois ce mot de structure demeure ambigu. Il fait trop penser à une figure géometrique».[4]

La estructura simétrica a la manera de *The Ambassadors* guarda cierta relación con la «estructura geminada» propia de la novelística medieval, según ha estudiado M.ª Rosa Lida: «El *roman courtois*, coetáneo de la comedia elegíaca, con la que guarda tantas afinidades, ofrece con frecuencia situaciones geminadas», las que se dan, según recuerda M.ª Rosa Lida, en el *Roman d'Énéas*, en el *Cligès* de Chrétien de Troyes, etc.[5] Por su parte, Reto R. Bezzola ha observado que «no sólo la mayor parte de los "romans courtois", sino también toda una serie de

3. HÉLÈNE CIXOUS, *La novela inglesa contemporánea*, ob. cit., p. 220.
4. L. BOLLE, ob. cit., pp. 20-21.
5. M.ª ROSA LIDA, *La originalidad artística de «La Celestina»*, p. 277.

novelas modernas como *La Princesse de Clèves*, *La nouvelle Héloïse*, *Wilhelm Meister*, *Le Rouge et le Noir*, incluso el *Fausto* de Goethe —que transporta esta estructura al drama—, están netamente divididas en dos fases. Tal es el caso del *Roman d'Énéas*, de los "romans" de Chrétien de Troyes, del *Roman de Tristan* y de muchos otros, incluso del *Roman de la Rose*. Esta bipartición que se remonta a *La Eneida* de Virgilio, tiene una significación profunda. Las dos fases corresponden a las dos fases esenciales de toda vida humana, la fase del hombre joven en busca de su felicidad individual, y la fase del hombre maduro cuya felicidad o destino trágico no puede ser otro que la felicidad o el destino trágico de la sociedad. Esta forma debía nacer en el momento en que la existencia de la comunidad cristiana e imperial había llegado a ser problemática, y cuando la tensión entre individuo y comunidad renovaba la forma de la sociedad».[6]

3. DÍPTICO Y TRÍPTICO

La estructura bipartida, la estructura de díptico no es algo exclusivo, pues, de los viejos «romans courtois», dadas sus prolongaciones en la posterior novelística. A los ejemplos citados por Bezzola cabría agregar otros más modernos aún. Así, L. Bolle ha estudiado muy inteligentemente la estructura de díptico que presenta la *Recherche* proustiana: «Le dyptique, ou correspondance simple, représente ce qu'on nomme en géometrie une homothétie, laquelle est parfois directe, parfois inverse. Et l'on rencontre souvent chez Proust cette homothétie ou réflexion: elle marque des ressemblances et des différences psy-

6.   RETO R. BEZZOLA, *Genres littéraires médiévaux*, en *Histoire des littératures*, vol. II, Encyclopédie de la Pléiade, Gallimard, París, 1956, pp. 42-43.

chologiques ou poétiques. Ainsi la dispute entre le maître d'hôtel des Guermantes et le maître d'hôtel de la famille du Narrateur dessine une figure qui répond (sous une forme que Proust qualifie de "bréve, *invertie* et cruelle") à une autre scène, laquelle vient d'être décrite: Norpois insultant Bloch chez madame de Villeparisis. A cette métaphore ou correspondance structurale fait écho sur le plan psychologique la *dualité* des visages d'Odette aussi bien que d'Albertine».[7]

La reminiscencia —señala Bolle— funciona en la *Recherche* como la charnela que une, enlaza y articula los dos paneles del díptico: «Proust, dans son étude sur Flaubert, nous confie qu'il a utilisé lui-même, afin de relier un livre à l'autre, un joint précieux: la réminiscence. Considérée au point de vue du romancier, celle-ci n'apparaît plus comme un phénomène appelant une interprétation métaphysique (en tant que signe d'une réalité plus élevée), mais comme un *moyen*: jointure entre deux tableaux, parfois assez éloignés l'un de l'autre, entre deux figures homothétiques, souvent inverses».[8]

La estructura en díptico adquiere, en ocasiones, formas tan explícitas como la que presenta la obra de Hoffmann *Ideas del gato Murr sobre la vida.* En sus páginas simultanea Hoffmann el diario de Murr con el del músico Kreisler, fingiendo que el primero se encuentra escrito en las páginas que había en blanco en el otro, y encontrando así un pretexto para la mezcla de ambos relatos.[8bis]

El paralelismo de dos acciones puede ser presentado también objetivamente, simultaneando dos planos, dos relatos, según ocurre en *Las palmeras salvajes* de Faulkner. Uno de los

---

7. L. Bolle, ob. cit., pp. 24-25.
8. Ibíd., p. 213.
8 bis. Junto a la novela de Hoffmann cita Todorov el *Relato de sufrimientos* de Kierkegaard, caracterizado también por una estructura *alternante*, estudiada asimismo en *Les liaisons dangereuses* (*Literatura y significación*, ed. cit., p. 92).

relatos recoge la increíble peripecia de un penado que se fuga durante una inundación del Mississippi. El otro, la violenta historia pasional de dos amantes. El desbordamiento de las aguas del río marcaría el simbólico contrapunto y correspondencia del otro desbordamiento pasional, esa monótona y torpemente trágica historia de los amantes.

Según Julio Cortázar, en el *Tablero de dirección* de *Rayuela*, esta novela se caracteriza también por su estructura dual:

«A su manera este libro es muchos libros, pero sobre todo dos libros. El lector queda invitado a elegir una de las dos posibilidades siguientes:

»El primer libro se deja leer en la forma corriente, y termina en el capítulo 56, al pie del cual hay tres vistosas estrellitas que equivalen a la palabra *Fin*. Por consiguiente, el lector prescindirá sin remordimiento de lo que sigue.

»El segundo libro se deja leer empezando por el capítulo 73 y siguiendo luego en el orden que se indica al pie de cada capítulo.»

El segundo libro, el que comienza a partir del capítulo 57, lleva como título general *De otros lados (capítulos prescindibles)*. Son, en su mayoría, reproducciones de citas, otros textos, otros incidentes de los mismos personajes, y las notas del viejo escritor Morelli, por cuya boca parece hablar irónicamente Cortázar. Así, en el capítulo 154 escuchamos decir a Morelli:

«Mi libro se puede leer como a uno le dé la gana. Liber Fulguralis, hojas místicas, y así va. Lo más que hago es ponerlo como a mí me gustaría releerlo. Y en el peor de los casos, si se equivocan a lo mejor queda perfecto.»

Si, en ocasiones, un capítulo de una novela bien estructurada supone algo así como una abreviada versión de cuanto se da, *in extenso*, en el total de la obra, entonces cabría pensar que el capítulo 34 de *Rayuela* define apropiadamente la buscada estructura dual de la obra, los dos libros de que el autor habla en la introducción: ese capítulo 34 está hecho de dos temas o motivos mezclados tipográficamente, con alternancia de líneas, de tal modo que el lector se ve obligado (de no aceptar la difícil lectura seguida) a hacer dos lecturas sucesivas, interlineadas. Al final se lee: «dibujamos con nuestros movimientos una figura idéntica a la que dibujan las moscas cuando vuelan en una pieza, de aquí para allí, bruscamente dan media vuelta, de allí para aquí, es lo que se llama movimiento brownoideo».

Una estructura dual, adecuadamente manejada, es la que Carlos Rojas utiliza en *Auto de Fe*. Hay dos historias paralelas, entrecruzadas —repartidas en la alternante disposición de los capítulos, al igual que ocurre en *Las palmeras salvajes*—, transcrita una de ellas en cursiva, para que quede bien diferenciada de la otra. Ambas, sin embargo, se relacionan entre sí. La presentada en cursiva es la historia de Lázaro (el resucitado por Cristo) y de Judas. La otra, es la historia de un bufón aparentemente muerto y resucitado en la corte de Carlos II. Hay un llamado *Autillo de Lázaro*, escrito por el Rey, durante cuya representación tuvo lugar la otra resurrección, la del bufón que hacía de Lázaro. Todo ello compone un mundo extraño, alucinante, grotesco, presentado con gran fuerza expresiva, y en el que la forma de díptico aparece plenamente justificada.

Pues de hecho, tales estructuras tienen validez estética y dejan de ser un virtuosismo más o menos ingenuo, cuando aparecen sugeridas o exigidas por el contenido mismo de la novela. Así, en el ya citado caso de *Las palmeras salvajes* cabría pensar que Faulkner bien pudo publicar independientemente y por separado las dos historias que se agrupan en la obra. O incluso podría haberlas dado a conocer en un único volumen, pero no en forma alternante y mezclada, sino impresas, completas, una a continuación de la otra. Hay que preguntarse, entonces, por qué Faulkner optó por la mezcla e

interferencia. La respuesta quizá la dé la antes apuntada circunstancia: el paralelismo emocional, simbólico, perceptible
entre las dos historias, que se hace mucho más explícito y
eficaz con la estructura alternada. Cuando un relato se inte-
rrumpe, desplazado por el otro, aparentemente ajeno a su trama más externa, éste, sin embargo, alude a lo más hondo de
aquél, y viceversa; tejiéndose entre las dos historias un complejo juego de reticencias simbólicas. En otro plano, algo semejante ocurre en la antes citada obra de Hoffmann, por
cuanto el contrapunto burlesco se consigue precisamente con
la mezcla y superposición de las opiniones del gato a las del
diario del músico.

El díptico puede convertirse en tríptico. Ya hemos aludido
a la mezcla simbólica de tres historias que realmente son
una misma en *Una mujer para el Apocalipsis* de Vintila Horia.
Y en la *Recherche* proustiana ha estudiado muy bien tal forma Bolle, al señalar la conversión del díptico en tríptico, de
manera semejante a como la sonata de Vinteuil se transforma
en quinteto, sexteto y septeto.[9] Y asimismo dice Bolle: «La
composición de *Du côté de chez Swann*, très complexe, assem-
ble des éléments eux-mêmes composites, les parties du livre
constituent un ensemble ternaire, dont le centre est *Un amour
de Swann*, chapitre interpolé [...]. Analyse clinique d'une pas-
sion, ce bref roman est encadré par deux colonnes ou scènes
types: deux concerts où l'on joue la Sonate de Vinteuil».[10]

9. Ibíd., pp. 25-26.
10. Ibíd., p. 216.

4. ÁLBUM FOTOGRÁFICO. LINTERNA MÁGICA. CALEIDOSCOPIO

Con las estructuras geminada, bipartida y ternaria se relaciona la que podríamos llamar «estructura mezclada»; es decir, aquella en que la mezcla de estilos cristaliza en una muy *sui generis* organización del material novelesco. Leonard Lutwack ha estudiado tales formas novelescas, observando cómo en el *Tom Jones* de Fielding concurren aspectos y estilos propios del ensayo, el drama y lo específicamente narrativo. Fielding usó por lo menos —señala Lutwack— tres estilos en su obra maestra. Algo semejante ocurre, en cuanto a la mezcla de tonos y de estructuras, en *Moby Dick* de Melville: «La estructura de una novela de este tipo tiende a ser episódica, el "pattern" de estilos, paratáctico: es decir, bloques de variado material se yuxtaponen sin demasiada coordinación ni modulación».[11]

Realmente, y tal como Lutwack lo estudia, es un problema más estilístico que estructural; aunque, según ya quedó apuntado en el capítulo I, no siempre es fácil deslindar «estilo» de «estructura». Y lo que ahora nos importa es obtener lo que pudiéramos llamar «aprehensión óptica» de ésta; es decir, la reducción de un entramado narrativo a términos visuales. En tal línea cabe situar cuanto se ha ido apuntando de círculos, espirales, dípticos, trípticos, etc.

En el capítulo 109 de *Rayuela* se encuentra un pasaje realmente interesante (pese a su ironía) sobre unos efectos de «estructuración visual». Leemos en esas páginas:

«En alguna parte Morelli procuraba justificar sus incoherencias narrativas, sosteniendo que la vida de los otros, tal

11. LEONARD LUTWACK, *Mixed and Uniform Prose Styles in the Novel*, en Murray, ob. cit., p. 256.

como llega en la llamada realidad, no es cine sino fotografía, es decir que no podemos aprehender la acción sino tan sólo sus fragmentos eleáticamente recortados. No hay más que los momentos en que estamos con ese otro cuya vida creemos entender, o cuando nos hablan de él, o cuando él nos cuenta lo que ha pasado o proyecta ante nosotros lo que tiene intención de hacer. Al final queda un álbum de fotos, de instantes fijos; jamás el devenir realizándose ante nosotros, el paso del ayer al hoy, la primera aguja del olvido en el recuerdo. Por eso no tenía nada de extraño que él hablara de sus personajes en la forma más espasmódica imaginable; dar coherencia a la serie de fotos para que pasaran a ser cine (como le hubiera gustado tan enormemente al lector que él llamaba el lector-hembra) significaba rellenar con literatura, presunciones, hipótesis e invenciones los hiatos entre una y otra foto. A veces las fotos mostraban una espalda, una mano apoyada en una puerta, el final de un paseo por el campo, la boca que se abre para gritar, unos zapatos en el ropero, personas andando por el Champ de Mars, una estampilla usada, el olor de *Ma Griffe*, cosas así. Morelli pensaba que la vivencia de esas fotos, que procuraba presentar con toda la acuidad posible, debía poner al lector en condiciones de aventurarse, de participar casi en el destino de sus personajes.»

Con esta técnica parece relacionarse la empleada por Henry Green en alguna de sus novelas. De ellas, y en especial de la titulada *Living*, dice Frederick R. Karl que se componen de «oleadas de minúsculas partículas invisibles que parecen emanar de sus temas, y estas oleadas, flotando en la memoria del lector, son las que suelen marcar el valor de su obra. Green obliga al lector a que "haga" él mismo la novela, juntando los diferentes fragmentos y *quanta* que la narración deja sueltos».[12]

12.   FREDERICK R. KARL, ob. cit., p. 272.

Obsérvese que la actitud de Green frente al lector, viene a ser la misma que preconiza Cortázar en *Rayuela* por boca de Morelli.

Con la estructura de «álbum fotográfico» se relaciona la que, según G. Poulet, posee la *Recherche* proustiana: «Se diría que si Goethe aprendió a representarse el universo como un teatro de marionetas, Proust ha aprendido a representar la existencia según los juegos vacilantes y momentáneos de la linterna mágica. El mundo proustiano será siempre un mundo intermitente. Un mundo donde las cosas se proyectan ante los ojos en imágenes, que son reemplazadas en seguida por otras imágenes pertenecientes a otros momentos y a otros lugares».[13]

El parpadeo luminoso de la linterna mágica, el constante desplazarse de las imágenes por ella proyectadas, los cambios de líneas y de colores que tales movimientos suponen, justifican el que también se haya hablado alguna vez de «caleidoscopio» a propósito de la *Recherche* y su disposición. Así, C.-E. Magny al observar que la mayor parte de los personajes del ciclo proustiano permanecen enigmáticos en cuanto a su esencia, añade: «No progresamos en la comprehensión de Albertina o de M. de Charlus a medida que se desarrolla el relato; por el contrario, se diría que su personalidad se hace más desconcertante: el caleidoscopio gira, y nuevas apariencias vienen a añadirse a aquellas que ya conocíamos».[14]

Un efecto semejante cree percibir N. Cormeau en la serie de Sartre, *Los caminos de la libertad*: apenas el lector comienza a sentirse ligado a alguna figura novelesca, una mano frenética sacude el caleidoscopio, hace perder el equilibrio a ese lector y crea un perpetuo estado de «suspense».[15]

En un caleidoscopio hacen pensar también a R.-M. Albérès

13. GEORGES POULET, *Études sur le temps humain*, Plon, París, 1949, p. 367.
14. C.-E. MAGNY, *Histoire du roman français*, Seuil, París, 1950, p. 186.
15. N. CORMEAU, ob. cit., p. 205.

algunas estructuras del «nouveau roman»: «Para las formas de inspiración literaria que Alain Robbe-Grillet ha agrupado, así como para los aficionados a lo fantástico-cerebral, no existe una realidad única a la manera de la presentada por el relato clásico y bien hecho, sino un juego indeciso de posibles, o bien, en el dominio de la visión, un caleidoscopio».[16]

En definitiva se trata, una vez más, de metáforas. Resulta inevitable acudir a ciertas transposiciones para definir determinadas estructuras novelescas. La pretendida visualización de las mismas impone ese lenguaje traslaticio, que podrá parecer más o menos adecuado, según los casos, pero que nos resulta tan imprescindible, a veces, como tantas otras locuciones metafóricas que usamos a diario, sin conciencia de que lo son, o con olvido de que originariamente lo fueron.

5. Estructura tipográfica

Hay, por supuesto, un dominio en el que la visualización de una estructura narrativa deja de ser metáfora, para funcionar como estricta literalidad. Me refiero a la que, para entendernos pronto, pudiéramos llamar «estructura tipográfica»; es decir, la cifrada en aquellos aspectos (nunca demasiado importantes, no nos engañemos) dependientes de los recursos tipográficos empleados en la edición del libro. El novelista que se decide a emplearlos, cuenta con su efecto en la impresión de la obra.

En ocasiones tales efectos son de índole bien modesta, y apenas son sentidos como tales: la variedad de tipos de letras,

16. R.-M. Albérès, *Histoire...*, p. 409.

la alternancia de la redonda o cursiva según los capítulos o pasajes de la obra, etc. Es lo que hace Carlos Fuentes en *La región más transparente* para diferenciar acentos y tonos. Según Manuel Pedro González —que ha reseñado también tales recursos en *Rayuela*—, su utilización denuncia la influencia del *Ulysses* de Joyce. De él derivan «los cinco tipos de letras de que Fuentes se sirve: el corriente, el diminuto, la cursiva, el de mayúsculas menores y el de mayúsculas abultadas».[17]

En la novelística española actual cabría de nuevo recordar cómo en la alternante disposición de *Auto de Fe* de Carlos Rojas, los capítulos del Lázaro bíblico están en cursiva, mientras que los relativos a las memorias del bufón aparecen en redonda.

De variados recursos tipográficos, visuales —los puestos de moda por Apollinaire en la época superrealista en sus *Caligramas*— se ha servido Butor en *Mobile*: *étude pour une représentation des États-Unis.*

Sería demasiado prolijo e infantil reseñar más ejemplos de esta clase. Sí, en cambio, merece la pena recordar, como ejemplo el más ilustre de tales astucias tipográficas, el del *Tristram Shandy* de Sterne. Se diría que para mejor subrayar visualmente la condición extravagante de su obra, la libertad estructural que la caracteriza, su índole paródica y burlesca, Sterne recurrió al más increíble abigarramiento tipográfico, sirviéndose no sólo de varias lenguas —latín, griego, francés, etc.—, sino de las más audaces acrobacias tipográficas: puntos suspensivos, asteriscos, grandes rectángulos negros, caracteres de letra gótica mezclados con caracteres normales, pequeñas manos indicadoras de dirección, rayas de distintos largos, páginas dejadas totalmente en blanco, y hasta, en el capítulo XL

17. Manuel Pedro González, *La novela hispanoamericana en el contexto de la internacional*, ob. cit., p. 87.

del Libro VI, unos trazados geométricos —rectas, ángulos, curvas ascendentes o descendentes— que representan, según el narrador, las líneas o estructuras de los cinco libros o partes:

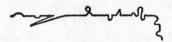

Estructura del Libro I de *Tristram Shandy*

Estructura del Libro II

Estructura del Libro III

Estructura del Libro IV

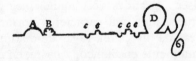

Estructura del Libro V

No creo que exista en la literatura universal ningún ejemplo más burlesca y superlativamente visual de la reducción de unas estructuras narrativas a diseños geométricos.

Dentro también de la literatura inglesa, y en una de las obras maestras del «nonsense», habría que recordar cómo Lewis Carroll en el capítulo III de *Alicia en el país de las maravillas* dispuso tipográficamente en forma de ondulante cola de un ratón, la historia que éste cuenta a Alicia, disminuyendo el tipo de letra según tal historia va tocando a su fin, en la punta del rabo. (Se trata de un efecto cómico provocado por un juego de palabras: la proximidad fonética existente entre *tale*: cuento, *long tale*, el largo relato que cuenta el ratón, y *long tail*, la larga cola de éste.)

Recuérdese asimismo que la continuación de esta obra, *A través del espejo*, se abre con una página en la que aparecen las aventuras de Alicia reducidas, visualmente, a signos de una partida de ajedrez. En este mismo relato de Lewis Carroll se consigue el efecto de reflejo en el espejo por la transcripción invertida de unos versos. Situados ante un espejo podrán leerse normalmente.[18]

La utilización de efectos tipográficos como los citados parece adecuada en novelas de carácter burlesco o humorístico, según lo revelan los apuntados ejemplos de Sterne y Carroll, a los que pudiera agregarse en nuestras letras, el de Jardiel Poncela, tan ingenioso, a veces, en la organización tipográfica de sus novelas.

Por lo demás, fuera de tales casos, el abuso de tales procedimientos puede comunicar un aire demasiado infantil y artificioso a la novela en que se emplearan.

---

18. Efectos de este tipo se encuentran —posiblemente por influencia de Carroll y también de Sterne— en *Tres tristes tigres*, de Guillermo Cabrera Infante.

LO LÚDICO Y LO COMBINATORIO

1. LA NOVELA COMO JUEGO

El motivo del problema de ajedrez tal y como aparece representado gráficamente y con todas las claves de las jugadas, en *A través del espejo*, de Lewis Carroll, es fácilmente relacionable con algunas estructuras novelescas cuya disposición trata de reproducir, en cierto modo, una partida de ese juego. Así compuso Butor su *Passage de Milan*, según Albérès.[1] En la moderna novela española cabría recordar *Gambito de alfil de rey* de Martínez Lozano.

En general, y fuera del concreto caso del ajedrez, el juego como disposición parece estar al fondo de no pocas novelas actuales. A propósito precisamente de los últimos libros de Butor, ha podido decir Michel Beaujour que «la composición del conjunto, con sus retrocesos, sus modulaciones y sus acordes, recuerda más bien una partitura sinfónica o un juego complejo que una novela tradicional».[2]

---

1. R.-M. ALBÉRÈS, en el cit. art. *Sur le néo-nouveau roman.*
2. M. BEAUJOUR, *La novela de la novela*, en *La nueva novela europea*, p. 94.

Para Michel Mohrt las novelas de Ivy Compton-Burnett, al caracterizarse por el deliberado convencionalismo de las intrigas, nos hacen ver que la autora maneja un juego, siempre el mismo, como el de la oca o el del ajedrez, contentándose simplemente con variar las combinaciones de una novela a otra.[3]

2. ESTRUCTURAS COMBINATORIAS

De esta técnica, la de las «combinaciones», ya hemos tenido ocasión de apuntar algo a propósito de una estructura musical: la del «tema y variaciones». Recuérdese el tantas veces citado *Cuarteto de Alejandría* de Durrell, o el «aspecto combinatorio» que Beaujour cree percibir como característico del «nouveau roman».

Las «combinaciones» pueden darse dentro de una misma novela —caso de *Degrés* de Butor—, o pueden percibirse en el conjunto de dos o más novelas, según sucede en el comentado caso de Durrell, o en el conjunto narrativo de la Compton-Burnett.

Esas «combinaciones» pueden ser limitadas o pueden dar lugar a la que Albérès llama una «novela móvil, de *n* dimensiones», a propósito del *Cuarteto de Alejandría* y de *Mobile* de Butor: Cuando Durrell quiere hacer un libro que gire lentamente sobre su eje, se atiene a un diseño preciso: hacer de su obra lo que Calder y Michel Butor llaman más tarde un «móvil»: un objeto que implique o sugiera una dimensión (espacial o temporal) más, que aquellas a las que están acostumbrados el ojo y el espíritu humanos. Una novela de *n* dimensiones.[4]

3. M. MOHRT, artículo publicado en «Le Figaro Littéraire», n.º 1143, marzo, 1968.
4. R.-M. ALBÉRÈS, *Métamorphoses...*, p. 110.

La obra novelística se convierte entonces en una «composición», no en una reproducción de lo real;[5] una «composición» en sentido estructural como puedan serlo la música «serial» o el arte pictórico de Mondrian.[6]

La «estructura combinatoria» es la que se da, muy explícitamente, en aquellas novelas en que se deja confiado al capricho del lector la ordenación del material narrativo. Ha quedado ya citado, en varias ocasiones, el caso de *Rayuela* como uno de los más conocidos, a tal respecto. Y más extremoso aún es el de *Composition n.° 1* de Marc Saporta, publicada en 1962. Aquí, lo que se ofrece al lector no es un libro, sino un haz de 144 páginas sueltas, impresas por un solo lado; algo así como una baraja narrativa con la que obtener cuantas novelas se quieran, según el orden en que se coloquen para su lectura esas hojas desligadas. (*Cent mille millards de poèmes*, de Raymond Queneau, supone una disposición parecida en el ámbito de la poesía.) Saporta invita al lector a barajar las páginas de su *Composition n.° 1*, a cortar, como haría con un manojo de naipes. Del orden en que queden agrupadas las páginas dependerá el destino de los personajes novelescos.

El recurso no es tan original como pudiera parecer a primera vista. Bastante anterior a la obra de Saporta es una novela policíaca, *Murder off Miami*, de Dennis Wheatley y P. G. Links. Aquí también ha desaparecido la forma tradicional del libro, ya que lo que se entrega al lector es una carpeta con el sumario policial, declaraciones de los testigos, fotografías, huellas digitales, etc. Con tal repertorio de datos, presentados *en bruto* y sin adobo literario, se pretende que el lector descubra por sí mismo al criminal, desde una perspectiva idéntica a la que sería propia del detective. Si el lector no da con la solución, podrá encontrarla en un sobre cerrado.

5. Ibíd., p. 127.
6. R. Barthes, ob. cit., p. 253.

Con esta «novela-carpeta» o novela cuya estructura es casi la de un «expediente», parece relacionarse, en otro plano, el «roman-dossier» de Gilles Perrault, *Le Dossier 51*; publicado en 1969 y presentado también como una sucesión de fichas, notas, fotocopias de cartas y de telegramas, etc., al servicio de un tema de espionaje. El propio autor reconoce la influencia que en la estructura de su obra han tenido el cine y la televisión. Sólo así parece explicarse el abandono de las formas tradicionales y la adopción de estas otras, que vienen a suponer una renuncia a lo libresco, incluso en su pura conformación física.

En el prólogo que en 1947 escribió Jean-Paul Sartre para *Portrait d'un inconnu* de Nathalie Sarraute, aludió al «anti-roman» como forma muy característica de nuestra época literaria: «Les anti-romans conservent l'apparence et les contours du roman: ce sont des ouvrages d'imagination qui nous présentent des personnages fictifs et nous racontent leur histoire. Mais c'est pour mieux décevoir: il s'agit de contester le roman par lui même, de le détruire sous nos yeux dans les temps qu'on semble l'édifier, d'écrire le roman d'un roman qui ne se fait pas, qui ne peut pas se faire, de créer une fiction qui soit aux grandes œuvres composées de Dostoievsky et de Meredith ce qu'était aux tableaux de Rembrandt et de Rubens cette toile de Miró, intitulée *Assassinat de la peinture*».

Se diría que, avanzando más y más el proceso señalado por Sartre, algunas formas últimas de la novela han dejado ya de conservar tal «apariencia» y, como en el caso de Saporta, han provocado no sólo la destrucción interna del género en su sentido tradicional, sino también la externa: la forma misma del libro.

LA ESTRUCTURA DE LA NOVELA ACTUAL

1. Contenido, estructura, punto de vista del autor

Este, posiblemente prolijo, recorrido a través de algunas
—no todas— estructuras características de la novela actual nos
conduce casi (como en una de esas novelas de configuración
circular que han sido ya estudiadas) al punto de partida. De
nuevo habría que preguntarse por el sentido y razón de ser de
la estructura novelesca, para, otra vez, intentar comprender
que son el contenido, el tono mismo de la novela, la perspectiva elegida por el autor, su visión del mundo, su estilo, los
que condicionan la organización del material narrativo.

Esto lo ha señalado muy precisamente Lucien Goldmann, a
propósito de la estructura de *Le Voyeur* de Robbe-Grillet: Un
viajante de comercio, Mathias, intenta reconstruir su estancia
de veinticuatro horas en una isla donde había ido a vender
relojes. Mathias ha matado a una muchacha y está obsesionado
por el recuerdo de ese asesinato y por el temor de ser detenido.
En consecuencia, su relato se caracteriza por la presencia de
dos elementos: por un lado, el deseo de dar una versión plau-
sible y sin lagunas de su estancia en la isla, eliminando toda

alusión al asesinato; y, por otra parte, el temor de ser descubierto y arrestado, traducido en una obsesión por las «esposas» y por todo cuanto le recuerda la forma de éstas: un «ocho tumbado».

Este temor —señala Goldmann— deforma la estructura intencional del relato, y le impide seguir una trayectoria conforme a la intención inicial.[1]

El ejemplo resulta suficientemente aclarador de en qué medida puede una estructura quedar condicionada por el contenido mismo del relato, por la índole de lo allí presentado, por el punto de vista elegido para la presentación: en este caso el de Mathias con todo lo que tal perspectiva supone en orden a ese doble efecto de ocultación y de obsesión, señalado por Goldmann. Cambiado el punto de vista, elegido otro que no fuese el de Mathias, cambiarían correlativamente la estructura y el sentido de la obra. Estaríamos, realmente, ante otra novela muy distinta, aunque contuviese la misma historia, los mismos hechos.

Hay un texto de Ganivet que siempre me ha parecido enormemente revelador con referencia a lo últimamente apuntado, acerca de cómo la perspectiva empleada por el narrador condiciona la estructura de lo narrado. Se encuentra tal texto en *Los trabajos de Pío Cid,* en el capítulo V: Un contertulio de la cofradía granadina del Avellano cuenta la historia de «Juanico el Ciego (Tragedia vulgar)». Pío Cid completa más adelante tal historia, tras coincidir en un tren con Mercedes, la hija de Juanico el Ciego. Al conocer Sauce la versión de Pío Cid, quiere redactar de nuevo la que él había escrito, añadiendo que el ciego era hijo de un amor incestuoso, con lo cual quedaría mejorada la anterior narración.

«Yo opino al contrario —replicó Pío Cid—, que lo mejor es

1.   LUCIEN GOLDMANN, art. cit. en la «Revue de l'Institut de Sociologie», p. 461.

no cambiar punto ni coma en ese trabajo. Tal como está es como un tajo de carne cruda, y si se hace la alusión a la leyenda de Edipo, parecerá que el artículo está calcado en la tragedia clásica. Y luego, que no bastaría añadir unos párrafos por el principio, sino que habría que rehacer todo el artículo, porque al tomar cierto corte clásico exigiría líneas más severas y habría que suprimirle algunos rasgos demasiado realistas. *Cuando un escritor cambia de punto de vista, ha de cambiar también de procedimiento, y si tiene la obra a medio hacer, no debe remendarla, sino destruirla y hacer otra nueva.»*[2]

Parece como si aquí nos diera Ganivet la clave, la explicación del diferente tono que presentan las dos novelas suyas que tienen a Pío Cid como protagonista: *La conquista del reino de Maya* (narrada en primera persona) y *Los trabajos*. Un mismo personaje, sí, pero un distinto «punto de vista», que obligó al autor a cambiar de procedimiento, sustituyendo (de acuerdo con su gusto por la paradoja) el relato en primera persona —repertorio de opiniones que no corresponden al verdadero sentir de Pío Cid— por el de tercera persona; adelgazando la narración, de tono burlescamente épico en *La conquista*, en favor de un diálogo vivaz y de un cierto realismo descriptivo en *Los trabajos*; sustituyendo la abstracción utópica de la primera novela de Pío Cid, por el *hic et nunc* de la segunda: un muy preciso y concreto mundo español de pensiones, tertulias, pueblos, casas de vecindad, etc.

Recuérdese, de nuevo, a la luz de la penetrante observación ganivetiana, el citado caso de Galdós con sus dos novelas *La incógnita* y *Realidad*. El cambio de punto de vista determinó, correlativamente, el de la estructura narrativa, que es epistolar en *La incógnita* y dialogada en *Realidad*, nueva versión «desde fuera» de los hechos conocidos a través de una subjetiva interpretación en la anterior novela.

2. El subrayado es mío.

¿Qué es lo que ocurre realmente —si es que algo ocurre— en *La maison de rendez-vous* de Robbe-Grillet? Allí, como en otras novelas del autor y, en general, del «nouveau roman», hay unas apariencias (casi caricaturescas, ahora) de novela policíaca. Pero, ¿ha tenido lugar verdaderamente un asesinato? ¿O se trata sólo de una representación teatral, de una foto periodística? Hay un constante interferirse, superponerse, desplazarse de escenas y motivos, de tal forma que lo que aparece en la portada de un periódico podría ser igualmente una truculenta representación teatral, o bien un atroz grupo escultórico en el jardín de una equívoca casa de Hong-Kong, o bien... o bien... Para acentuar la confusión, hay inseguridades en la transcripción de nombres, en la identificación de hechos y de personas (v. gr., dos hermanas gemelas), en la fusión de algún ser vivo con un maniquí o con una estatua... Tampoco tenemos seguridad en cuanto al hilo cronológico, ya que los saltos hacia atrás, las reiteraciones (por ejemplo, la de la copa de champán rota; los cristales yacen en el suelo, ¿pero no será alguno de ellos más que un añico de la copa, una ampolla rota de alguna droga?), los movimientos suspendidos y como coagulados (lo móvil se convierte en estático: estampa, grupo escultórico), junto con el efecto contrario; todo ello hace que la estructura de esta obra de Robbe-Grillet participe del carácter de juego combinatorio al que hemos aludido ya.

Es obvio que al novelista no le interesaba presentar ninguna trama, sino más bien los fragmentos, las posibilidades (o imposibilidades) con que intentar componerla; y de ahí la estructura elegida, hecha de retrocesos, de reiteraciones, de vacilaciones, de deliberados equívocos. No hay posibilidad de tomar en serio lo que allí ocurre, y los gruesos efectos novelescos que el autor maneja sarcásticamente, no hacen sino sugerir una posibilidad más de lectura (o quizá la única): la propia de un *divertimento*, casi de una intrascendente obra de humor en la que, sin embargo, los recursos humorísticos no aparecen por ninguna parte; siendo más bien la resultante de unos huecos, de esos agujeros que en *Le Voyeur* marcaban una tensión trágica, y que aquí, en *La maison de rendez-vous*, por virtud de un contexto casi grandguiñolesco (crímenes, drogas, erotismo sádico, chinos misteriosos, etc.), descubren un ademán irónico, con algo de parodia envuelta en virtuosista juego literario.

2. VALORACIÓN DE LA FORMA

En cualquier caso parece claro que cuando el autor, intencionadamente, se propone novelar a contrapelo de la tradición tenida por más genuinamente novelesca incide en una actitud que trae como consecuencia el manejo de una determinada estructura. Aquella que se diría sugerida por el peculiar «punto de vista» que tal rechazo supone. Si no se desea *contar una historia*, una fórmula adecuada con la que expresar ese deseo, consiste en utilizar una estructura narrativa que no hace otra cosa que revelar —como en *La maison de rendez-vous*— justamente esa intención. Casi nos atreveríamos a decir que lo que entonces se *cuenta*, se inventa, se expresa, es una estructura. Para quien acepte el juego, para quien entre en él, quizá pueda resultar tan atractivo el seguir, página tras página, no el desarrollo de una historia, sino el de una estructura.

Y llegamos así, en virtud del efecto circular ya citado, al punto de arranque, a la consideración de que si en la pintura, por ejemplo, cabe una expresión no figurativa, y ésta se dio ya antes en la música, en el sentido de prescindencia de lo «descriptivo» o «argumental», ¿por qué no aceptar en el campo de la novela la pretensión de conseguir unos resultados estéticos

semejantes a los de esas otras artes, a base estrictamente de la
«composición», según apunta la crítica estructuralista a lo
Barthes?

Que esto sea posible o no pase de un utópico empeño, es algo
que no quiero discutir aquí, en un libro que quisiera ser simplemente explicativo y no apologético o condenatorio. De ahí
que sólo me interese buscar algún sentido a las peculiaridades
de ciertas estructuras novelescas de nuestros días. Y así enfocado el asunto, pienso que entraña cierta congruencia el hecho
de que cuando un novelista cree que es inútil o imposible es-
forzarse en contar historias al modo antiguo, no pueda hacer
otra cosa que desplazar su interés y su atención —y en consecuencia, los del lector— hacia los aspectos técnicos, formales:
hacia la estructura. Por eso Marina Forni señala como especie
novelesca muy de nuestros días aquella que «hace de los mismos procesos operacionales materia de narración».[3] El gusto
por la llamada «novela de la novela», el relato con algún novelista como personaje —a la manera de lo que fueron en su día,
Los monederos falsos y *Contrapunto*, y hoy es *Rayuela*—, la
superposición de una historia que tal vez no ha tenido lugar,
a la escrita o representada teatralmente —caso de la recién
citada *Maison de rendez-vous*—, todo eso no hace sino verificar
la extraña condición de no pocas obras actuales en las que se
ofrece al lector no una novela en el sentido tradicional, sino el
hueco de la misma, o bien las posibles formas en que hubiera
podido escribirse, o bien el proceso de su destrucción como tal
novela, etcétera.

Quiere decirse que la estructura asume funciones antes ocu-
padas por el argumento o por los personajes; que lo que en
ocasiones leemos bajo el rótulo de «novela» es muchas veces no
el unamuniano *cómo se escribe una novela*, sino el *cómo podría*

3. M. FORNI, ob. cit., p. 64.

escribirse, o el *cómo no se ha escrito,* paradójicamente convertido en escritura, estructura, relato de ese negativo proceso.

Es como si hubiéramos llegado a una abstrusa situación, última consecuencia de la primacía alcanzada por la «composición» a expensas de otros valores novelescos; según esa valoración estructuralista de Barthes, por la cual el «ensamblaje de elementos discontinuos y móviles constituye el espectáculo mismo: la poesía, el teatro épico, la música serial y las composiciones estructurales, de Mondrian a Butor». De nuevo me permito citar estas tan reveladoras líneas, así como aquella otra rotunda frase de Barthes de que «la técnica es el ser mismo de toda creación»,[4] al fondo de la cual está la afirmación de Kafka, recordada por el propio Barthes, de que «el ser de la literatura no es nada más que su técnica».[5]

Esta idea se relaciona con la ya conocida asimismo por el lector, de la «novela-artefacto», de que habla Murray, y con lo apuntado por Albérès a propósito de Proust: «Disponer "motivos" en el tiempo como Proust y los músicos, o en el espacio, como Butor o como los pintores, tal es la creación... La obra del creador es una "composición", no una reproducción de lo real».[6]

Precisamente lo que Albérès valora, por ejemplo, en Robbe-Grillet es esa autonomía de la novela como forma, exaltada por el propio novelista en su manifiesto *Pour un nouveau roman.*

4. Barthes, ob. cit., p. 258.
5. Ibíd., p. 169.
6. Albérès, *Métamorphoses...,* p. 127.

3. LA NOVELA PURA

A esta sobrevaloración de los elementos formales no se ha llegado de golpe, sino a lo largo de un proceso, alguno de cuyos aspectos ha sido ya reseñado en anteriores capítulos. Recuérdese lo dicho acerca de Flaubert y de Henry James, sobre todo, en torno a la «dramatic novel». Por eso, Guillermo de Torre ha podido decir con razón que de haber conocido Ortega la obra novelesca de James «podía haberle servido de dechado normativo, con tanta o más razón que la de Proust. Una escritora puertorriqueña, Nilita Vientós Gastón (*Introducción a Henry James*), ha descubierto las semejanzas y aun identidades existentes entre las teorías orteguianas y las expuestas unos cuarenta años antes por el gran novelista norteamericano, en los prefacios a varias novelas [...]. He aquí algunas confrontaciones. Para James, como para Ortega, "las cuestiones de arte son —en su más amplio sentido— cuestiones de forma"».[7]

De ahí que Andrés Amorós acierte al decir: «La mayoría de los escritores, sin embargo, subrayan la importancia de los valores estructurales, de forma semejante a lo que ocurre en las artes plásticas. Precursor de la novela contemporánea en este sentido (y en otros muchos) fue Henry James: "Lo fundamental es la forma, la arquitectura, la composición". Culmina esta tendencia en el "nouveau roman", que, según parte de la crítica, debe ser leído como algo abstracto, un conjunto de formas, la resonancia interna de una serie de estructuras».[8]

La relación Henry James-«nouveau roman» no tiene otro sentido, otro alcance que el puramente estructural. Esto explica que también Gaëtan Picon, al ocuparse de *Moderato Cantabile*

---

7. GUILLERMO DE TORRE, *El fiel de la balanza*, Taurus, Madrid, 1961, p. 44.
8. A. AMORÓS, ob. cit., p. 65.

de Marguerite Duras[9] y al aludir a la «curva melódica» de esta obra, «admirable estructura de un relato ausente», pudiese relacionar tal estructura con la de algunas novelas de Henry James, en donde la ambigüedad y la incertidumbre son tales, que nos sentimos en principio solicitados por la lógica de la narración, atentos a la mano que dibuja más que a la forma que ella dibuja en blanco.

En otras palabras: no interesa tanto el tema, el «argumento» en el sentido tradicional, como el artístico trazado del mismo, puesto que la atención prestada a su estructuración será la que nos dé la clave estética de la obra. Por eso, las novelas de Henry James pueden parecer frías, aburridas e incomunicadas con la vida, a quienes gustan de la que Murray llama novela «mimética».

Henry James podría ser entonces considerado como uno de los más relevantes cultivadores de la alguna vez llamada «novela pura». De tal especie se ha ocupado el crítico inglés Walter Allen, a propósito de las obras de Ivy Compton-Burnett. Si ya Jane Austen intentó escribir una novela pura, concentrándose —como ha dicho Robert Liddell— en los seres humanos y en sus mutuas reacciones, algo semejante ha intentado hacer en la narrativa inglesa actual Ivy Compton-Burnett, consiguiendo esas novelas puras a lo Austen, e incluso a lo Henry James.[10]

El escritor de novelas puras —señala W. Allen— no se caracteriza por la prodigalidad de su invención, por la creación de muchos caracteres, por el alternativo manejo de escenas muy contrastadas, sino por la atención prestada a las cualidades formales de la composición, la estructura, por la subordinación de las partes al todo. Allen reconoce que esta forma novelesca tiene sus peligros, ya que puede degenerar en un excesivo tecnicismo a expensas de la calidad humana del contenido. Tien-

9.   En «Mercure de France», junio, 1958.
10.   W. ALLEN, *The English Novel*, ed. cit., pp. 108-109.

de siempre a lo abstracto y a la distorsión de la realidad. Por eso, los lectores que gustan de los novelistas que han actuado como grandes extrovertidos, Fielding, Balzac, Tolstói, experimentan una sensación de empobrecimiento cuando se acercan a las obras de los novelistas puros. La perfección a que éstos aspiran —reconoce Allen— es el resultado de una toma de conciencia, un reconocimiento de unos severos límites. Esos límites que un Dickens nunca pareció reconocer —y no digamos un Balzac—, en contraste con actitudes como la de Jane Austen, cuyo arte se apoya precisamente en la aceptación de los mismos.[11]

El logro de la novela pura implica, pues, ciertas renunciaciones, ciertos sacrificios; en proceso paralelo, de algún modo, al de la llamada «poesía pura». Si ésta se caracteriza por una evitación de la anécdota, por un deseo de desnudez y de rigor, por un ceñirse a lo estrictamente poético con prescindencia de toda la, entonces, considerada «ganga extrapoética»; también en la «novela pura» hay no un pleno rechazo de la anécdota, de la trama, del argumento (al menos en autores como Jane Austen o Henry James), pero sí una valoración de todo ello en función de los aspectos formales, estructurales, a los que se concede especial importancia.

4. VALORACIÓN DE LA ESTRUCTURA

La pretensión de una «novela pura» guarda tal vez relación con el hecho de que este género, la novela, ha sido considerado durante muchísimo tiempo, como algo inferior, vulgar literatura de entretenimiento, subproducto propio para aliviar ocios de

11. Sobre la «novela pura» vid., pp. 174 a 178 de mi libro *Proceso de la novela actual.*

lectores nada exigentes en un plano intelectual o estético. Como una reacción contra tan peyorativa concepción de la novela, se han dado posturas —entre ellas la de Henry James— marcadas por el empeño de conseguir para el género esas negadas o discutidas calidades intelectuales y estéticas.

Se comprende que en una reacción de tal signo se produzca un subrayado enfático de aquellos aspectos o valores antes negados a la novela: su densidad intelectual (lo cual explica el rigor de la novela humanística a lo Mann, Broch, Musil, etc.), sus calidades formales (lo cual justifica la obsesión por la técnica, por la composición, por la estructura).

Queda así justificada esa concepción de W. Allen de la novela pura como aquella en que predomina la composición. Y también parece entenderse mejor, entonces, el porqué de ese afanoso empeño de tantos novelistas actuales por explorar infatigablemente el dominio de las estructuras, por ensayar nuevos dispositivos organizadores del material narrativo, por introducir variantes en los ya existentes, etc. Todo un complejo repertorio de procedimientos, de técnicas, de búsquedas; algunas de las cuales han ido quedando reseñadas en los anteriores capítulos.

Al llegar ahora al último, y contemplar el intrincado panorama que supone todo el conjunto de estructuras novelescas (a sabiendas de que no todas las utilizadas en la actualidad han quedado inventariadas en esas páginas), puede que el balance resulte decepcionante. Pues en la mayor parte de los casos, se habrá observado que las estructuras tenidas por actuales, cuentan con antecedentes, muy lejanos a veces. La novedad no está tanto en la estructura en sí, como en su reiteración y en el nuevo sentido que pueda percibirse tras ella, tal y como es empleada en nuestros días.

Por otra parte, el sentimiento de decepción, de frustración, se ve acrecido por el hecho de que no es cosa fácil aprehender y reducir a letra el trazado o el ritmo de esas complejas estructuras narrativas. Las transposiciones plástico-musicales son simplemente eso, transposiciones, que, por desgracia, no siempre resultan totalmente apropiadas ni eficaces.

Pero pienso (quizá para encontrar alivio en ese pensamiento) que la responsabilidad de tal fracaso no es imputable totalmente a los críticos, teorizadores y aun novelistas, que se esfuerzan en buscar explicación de las estructuras narrativas, mediante incursiones terminológicas en el dominio de la música, de las artes plásticas o de la geometría, pongo por casos. La raíz del fracaso está en la índole misma de aquello que se pretende traducir plástica o musicalmente: la estructura novelesca.

Las dificultades que su captación supone no son de linaje distinto (me parece) a las que supondría la del proceso creador mismo. Y no es que puedan —ni deban— unificarse, en el caso de la novela, proceso creador y organización del material narrativo, pero sí que, como bien señaló Poe en su *Filosofía de la composición*, uno y otro aspecto guardan muy estrecha relación.

De ahí, que pese a todas las decepciones o fracasos, no me parece que sea mala cosa el que, actualmente, novelistas, críticos y aun lectores, se hayan acostumbrado a la idea de que, en la creación de una novela, no basta con tener algo que contar, si no se dispone asimismo de la adecuada estructura narrativa. La creación de ésta no es la de un mecánico andamiaje, inoperante estéticamente. Por el contrario, se trata de una creación artística tan decisiva, que sus deficiencias, sus fallos, repercutirán inevitablemente en los del conjunto novelesco como tal. Quiero decir con esto que la materia novelesca considerable en bruto como más eficaz estética y emocionalmente, puede quedar invalidada a tales efectos, si falla la estructura narrativa.

Un novelista, diríamos, de signo tradicional cree poder evitar tales fracasos mediante la utilización de una estructura también tradicional, cuyo éxito parece estar garantizado por un largo y brillante uso. Pero puede ocurrir que justamente ese largo uso de tal estructura haya acabado por empobrecerla, por introducir en ella opacidades, petrificaciones y hasta tediosidad. Tal hecho explica el, a veces, pueril afán de tantos novelistas actuales por evitar las viejas estructuras narrativas, y por buscar otras cada vez más nuevas y audaces.

En cualquier caso, no se pretende hacer aquí crítica particularizada del problema, ni contraponer apologías a condenas. Sólo se ha intentado describir y explicar, cuando ha parecido conveniente.

Los huecos que puedan percibirse (y han de ser muchos) son imputables, efectivamente, a las limitaciones de quien ha intentado hacerse cargo de algunas estructuras novelescas actuales. Pero confío en que también, en algunas ocasiones, el lector que ahora concluye este libro, sabrá darse cuenta de que tales huecos son la consecuencia natural de una repetida experiencia estética: un cuadro se *ve*, al igual que una sonata se *escucha*, aunque ambas creaciones estéticas admitan explicación escrita. Todos los signos, grafismos o dispositivos visuales con los que se nos pretenda explicar la estructura del *Arte de la fuga* de Bach, podrán, quizás, ayudarnos a captarla, pero el pleno disfrute y aprehensión de la misma sólo serán dables con la audición de la obra. ¿Ocurre algo semejante en el plano de las estructuras narrativas?

Se puede, efectivamente, contar el argumento de *Crimen y castigo*. Lo que es ya más arduo y problemático es que se pueda *contar* su estructura. Y sin embargo, por paradójico que pueda resultarnos, muchas novelas de nuestros días parecen caracterizarse por esa pretensión: ya que sus tramas no siempre son reductibles a sinopsis argumental, ya que sus argumentos no se pueden *contar*, todo el interés del autor (y del lector, en consecuencia) ha de desplazarse hacia los aspectos formales, hacia los procedimientos técnicos, hacia —fundamentalmente— la estructura. Que ésta pueda o no *contarse*, es otra historia. Que su importancia la hace merecedora de ello, parece innegable.

Tal vez esta consideración pueda justificar todo o parte de cuanto aquí se ha dicho acerca de unos aspectos que afectan igualmente a la forma y al contenido, y que, en cierto modo, podrían hacernos ver lo convencional de tal distinción. El estudio de las estructuras narrativas se configura hoy como una incitación y casi una exigencia; puesto que sin su conocimiento, es muy posible que el laberinto de la novelística actual se hiciera aún más enmarañado. Un laberinto no deja de ser, también, una estructura, y sólo quien la conoce, quien posee su cifra, puede aspirar a recorrerlo con esperanza de encontrar la salida.

ÍNDICE GENERAL